建筑、房地产业“营改增”新政与税收筹划

New Policy to Replace BT with VAT and Tax Planning of Construction Industry & Real Estate Industry

中财税务 · 新知丛书

蔡 昌◎著

中国财经出版传媒集团
中国财政经济出版社

图书在版编目（CIP）数据

建筑、房地产业“营改增”新政与税收筹划／蔡昌著．—北京：中国财政经济出版社，2016.7

（中财税务·新知丛书）

ISBN 978－7－5095－6763－0

Ⅰ.①建… Ⅱ.①蔡… Ⅲ.①建筑企业－增值税－税收管理－研究－中国②房地产企业－增值税－税收管理－研究－中国 Ⅳ.①F812.423

中国版本图书馆CIP数据核字（2016）第117023号

责任编辑：樊清玉　　责任校对：黄亚青
封面设计：智点创意　　版式设计：录文通

中国财政经济出版社 出版

URL：http：//ckfz.cfeph.cn

E－mail：ckfz@cfeph.cn

社址：北京市海淀区阜成路甲28号　邮政编码：100142

营销中心电话：010－88190406

天猫网店：中国财政经济出版社旗舰店

网址：https：//zgczjjcbs.tmall.com

北京时捷印刷有限公司印刷　各地新华书店经销

787×1092毫米　16开　10.5印张　190 000字

2016年9月第1版　2016年9月北京第1次印刷

定价：40.00元

ISBN 978－7－5095－6763－0/F·5441

（图书出现印装问题，本社负责调换）

质量投诉电话：010－88190744

打击盗版举报热线：010－88190492、QQ：634579818

序　言

这是生长萌动的时代，这是变革创新的时代，这是迸发思想的时代。我们既注重理论探索，又崇尚实践创新。没有理论支持的实践注定是莽撞行为，没有实践佐证的理论终究是纸上谈兵。

“中财税务·新知丛书”是由中国财政经济出版社与中央财经大学税收筹划与法律研究中心联合策划的一套传播财税新知、弘扬财税思想、挖掘前沿理论、解剖实践案例的一套兼有前瞻性与务实性特征的原创性著作。

我们在这套丛书中策划了以下专题性著作：《国际税收筹划：理论分析与全球实践》《现金流战略：财务思维与价值管理》《税控原理：战略、风险与实际税负》《税收筹划16招》《金融业“营改增”新政与税收筹划》《建筑、房地产业“营改增”新政与税收筹划》等，未来陆续会有更多的著作纳入这套丛书。

这次出版的《金融业“营改增”新政与税收筹划》《建筑、房地产业“营改增”新政与税收筹划》两本著作，是在国家全面推开“营改增”试点改革后出版的两本关于增值税方面的专题性著作。这两本著作脱胎于“营改增”专题讲座，是作者在清华大学总裁班、建筑房地产行业协会、商业银行等讲授“营改增”新政与税收筹划基础上编撰而成，尝试在简约风格框架下把经典案例和新政解析相结合。我在接受《新理财》杂志记者采访时说过这样一句话：全面推行“营改增”，其价值在于“公平透明、减税增信”。在国家治理的新时期，抓住时代机遇，创造一个公平透明的货劳税制度，增强社会各界的税收信用度，是我们财税领域各位同仁的共同责任。希望这两本著作能够引起读者对“营改增”的关注和兴趣。

蔡　昌

2016年8月8日记于中央财经大学

目　录

第 1 讲

“营改增”的基础作用与增值税原理

中国宏观经济与社会发展

□ 中国宏观经济态势

1. 经济新常态五大特征：放缓增长速度、经济虚拟化、经济国际化、信息社会化、实现经济稳健发展。

2. 供给侧结构性改革：不仅强调需求，也注重供给视角以及需求与供给相结合，使供给更好地满足需求，旨在调整经济结构。

□ 金融政策

降低利率 + 调整汇率 + 互联网金融

□ 财税政策

财政体制调整 +“营改增”+“个税改革”

“营改增”历程

“营改增”的目的

- 消除重复征税
- 减轻企业税负
- 调整产业结构
- 完善税收制度

“营改增”历程

十二届全国人大三次会议，李克强作政府工作报告称：“2015 年力争全面完成‘营改增’，提请修订税收征管法。”

十三届全国人大：自 2016 年 5 月 1 日，全面推开“营改增”。

“营改增”变革历程

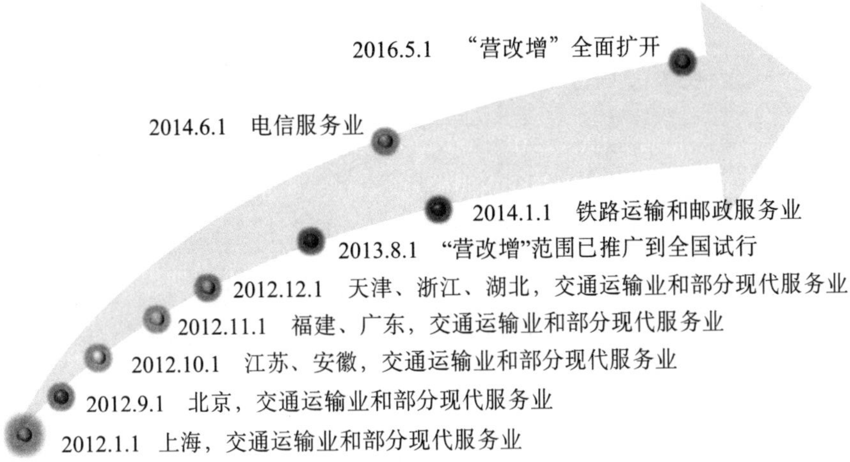

增值税基本原理

原理一：两种计税方法

原理二：两类纳税人

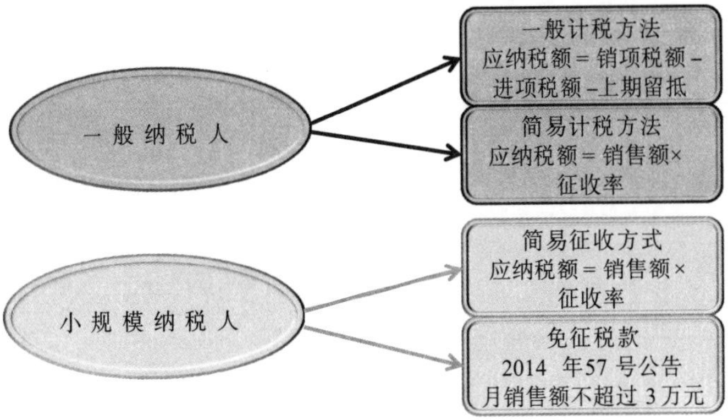

增值税基本原理

一般纳税人认定标准：年销售额（不含税）超过一定标准

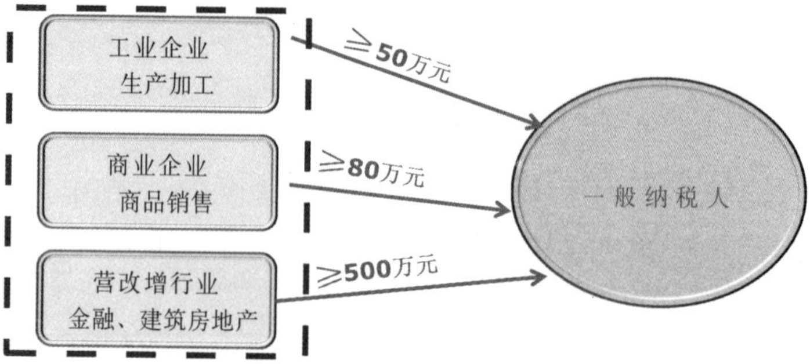

增值税与营业税之间的区别

项　目	营业税	增值税
价税核算方法	➢ 价内税，月末按税种合并计算 ➢ 部分税种未实际产生收入，也缴税	➢ 销售收入，均需要逐笔进行价税分离 ➢ 月末按业务品种对应和税率进行汇总
是否开销项票	➢ 不需要逐笔开具销项票 ➢ 需要开具发票	➢ 需要逐笔开具销项票 ➢ 需要通过金税系统进行发票的开具
总账记账方式	➢ 不进行价税分离，直接记入总账	➢ 逐笔业务价税分离后，再记入总账
缴税数据来源与归集	➢ 会计视角的总账系统（报表）+业务系统数据统计	➢ 税务视角的总账（报表）+金税系统+税管系统
是否涉及进项抵扣	➢ 不涉及，营业税可作为费用	➢ 涉及，且需要金税系统认证进项 ➢ 进项抵扣有时限性要求

“营改增”开启增值税新时代

中国“营改增”开启增值税新时代，抵扣链条趋于完整，税制迈向公平。

第2讲

“营改增”新政（一）

——建筑业

“建筑服务”税目

建筑服务：各类建筑物、构筑物及其附属设施的建造、修缮、装饰，线路、管道、设备、设施等的安装以及其他工程作业的业务活动。

建筑服务税目涵盖以下五类具体项目：

1. 工程服务：是指新建、改建各种建筑物、构筑物的工程作业，包括与建筑物相连的各种设备或者支柱、操作平台的安装或者装设工程作业，以及各种窑炉和金属结构工程作业。

2. 安装服务：是指生产设备、动力设备、起重设备、运输设备、传动设备、医疗实验设备以及其他各种设备、设施的装配、安置工程作业，包括与被安装设备相连的工作台、梯子、栏杆的装设工程作业，以及被安装设备的绝缘、防腐、保温、油漆等工程作业。

固定电话、有线电视、宽带、水、电、燃气、暖气等经营者向用户收取的安装费、初装费、开户费、扩容费以及类似收费，按照安装服务缴纳增值税。

“建筑服务”税目

3. 修缮服务：是指对建筑物、构筑物进行修补、加固、养护、改善，使之恢复原来的使用价值或者延长其使用期限的工程作业。

4. 装饰服务：是指对建筑物、构筑物进行修饰装修，使之美观或者具有特定用途的工程作业。

5. 其他建筑服务：是指上列工程作业之外的各种工程作业服务，如钻井（打井）、拆除建筑物或者构筑物、平整土地、园林绿化、疏浚（不包括航道疏浚）、建筑物平移、搭脚手架、爆破、矿山穿孔、表面附着物（包括岩层、土层、沙层等）剥离和清理等工程作业。

建筑业“营改增”新政

1. 建筑企业适用一般计税方法计税的情形

建筑服务适用的增值税税率为 11%。建筑企业一般纳税人采用一般计税方法时，允许采用税款抵扣法计算应缴纳的增值税。

2. 一般纳税人跨县（市）提供建筑服务

（1）适用一般计税方法：

全额计税：（全部价款 + 价外费用）/（1 + 11%）× 11%

差额预缴：（全部价款 + 价外费用 − 分包款）/（1 + 11%）× 2%

（2）选择适用简易计税方法：

差额计税：（全部价款 + 价外费用 − 分包款）/（1 + 3%）× 3%

差额预缴：在建筑服务发生地预缴税款

【特殊情形 1】纳税人跨县（市、区）提供建筑服务，向建筑服务发生地主管国税机关预缴的增值税税款，可以在当期增值税应纳税额中抵减，抵减不完的，结转下期继续抵减。

【特殊情形 2】纳税人以预缴税款抵减应纳税额，应以完税凭证作为合法有效凭证。

建筑业“营改增”新政

【特殊情形3】对跨县（市、区）提供的建筑服务，纳税人应自行建立预缴税款台账，区分不同县（市、区）和项目逐笔登记全部收入、支付的分包款、已扣除的分包款、扣除分包款的发票号码、已预缴税款以及预缴税款的完税凭证号码等相关内容，留存备查。

纳税人按照规定从取得的全部价款和价外费用中扣除支付的分包款，应当取得符合法律、行政法规和国家税务总局规定的合法有效凭证，否则不得扣除。

有效凭证是指：（一）从分包方取得的2016年4月30日前开具的建筑业营业税发票。上述建筑业营业税发票在2016年6月30日前可作为预缴税款的扣除凭证。（二）从分包方取得的2016年5月1日后开具的，备注栏注明建筑服务发生地所在县（市、区）、项目名称的增值税发票。（三）国家税务总局规定的其他凭证。

3. 可以选择适用简易计税方法的特殊情形

（1）一般纳税人以清包工方式提供的建筑服务。

【注释】以清包工方式提供建筑服务，是指施工方不采购建筑工程所需的材料或只采购辅助材料，并收取人工费、管理费或者其他费用的建筑服务。

【引申】清包工之所以允许选择采用简易计税方法，原因是建筑企业（乙方）承接清包工工程时，没有材料等购进货物的进项税额抵扣，可能会造成税负增加。考虑到这种情况，纳税人以清包工方式提供的建筑服务允许选择简易计税方法计税。

（2）一般纳税人为甲供工程提供的建筑服务。

【注释】甲供工程，是指全部或部分设备、材料、动力由工程发包方自行采购的建筑工程。

【思考】其实，甲供工程与清包工没有本质的区别，只不过是甲方提供材料、设备或动力的多寡程度不同而已。

（3）一般纳税人为建筑工程老项目提供的建筑服务。

【注释】建筑工程老项目，是指：

a.《建筑工程施工许可证》注明的合同开工日期在2016年4月30日前的建筑工程项目；

b. 未取得《建筑工程施工许可证》的，建筑工程承包合同注明的开工日期在2016年4月30日前的建筑工程项目。

建筑业“营改增”新政

简易计税方法下销售额（税基）的确认方法：

销售额 = 全部价款 + 价外费用 - 分包款

应纳税额 = 销售额/(1 +3%) ×3%

= (全部价款 + 价外费用 - 分包款)/(1 +3%) ×3%

【延伸】 建筑工程许可证与建筑工程承包合同。

建筑工程分两类，一类是土建工程，一类是非土建工程（安装工程、装修工程），所有的土建工程必须到当地建委备案。所以，只有在建委备案的建筑工程承包合同才能办理建筑工程施工许可证，所以工程施工许可证是在总承包合同在建委备案了以后才能办理。

分包不用办理工程施工许可证，分包是跟着总包走的。但是分包合同也必须在当地建委备案。所以，工程施工许可证一定是在签订建筑承包合同后获取的，如果没有签订建筑承包合同，就不可能有工程施工许可证。

4. 销售取得或自建的不动产

（1）销售 2016 年 4 月 30 日前取得的不动产；

（2）销售 2016 年 5 月 1 日后取得的不动产；

（3）销售 2016 年 4 月 30 日前自建的不动产；

（4）销售 2016 年 5 月 1 日后自建的不动产。

【思考】 上述不同情况应该如何计算增值税？

一般纳税人销售其取得或自建的不动产（含建筑、房地产企业）

纳税人/企业	不动产来源	取得或自建时间	计税方法与税基、税率
一般纳税人	取得	2016 年 4 月 30 日前	（可以选择）简易计税方法 差额征税，征收率 5%
一般纳税人	取得	2016 年 5 月 1 日后	一般计税方法 全额征税，适用税率 11% 差额预缴，预征率 5%
一般纳税人	自建	2016 年 4 月 30 日前	（可以选择）简易计税方法 全额征税，征收率 5%
一般纳税人	自建	2016 年 5 月 1 日后	一般计税方法 全额征税，适用税率 11% 全额预缴，预征率 5%

建筑业“营改增”新政

可以选择简易计税方法但选择了一般计税方法的特殊情形

（1）销售 2016 年 4 月 30 日前取得的不动产。

适用一般计税方法的，全额计税，差额预缴，预征率 5%。

（2）销售 2016 年 4 月 30 日前自建的不动产。

适用一般计税方法的，全额计税，全额预缴，预征率 5%。

采购权之争与均衡分析

采购权之争

“营改增”后，甲供材和建筑服务均缴纳增值税，由于购入材料可以抵扣增值税进项税额，所以甲乙双方会争夺材料采购权。但与建筑、房地产相关的货物和劳务种类繁多，涉及多档税率，对应的税率不同就会有不同的抵扣效果。

（1）谁采购谁抵扣。

在建筑市场上，甲方居于主导地位，这种强势地位，或可导致甲方将易于取得增值税专用发票的材料、设备、构配件等自己来采购。这样对甲乙双方的税负将产生很大影响。所以，“营改增”后要解决谁采购、谁抵扣问题。

（2）如何抵扣？

一般材料采购方抵扣税款，但抵扣税款并不意味着税负一定会降低。建筑、房地产企业的增值税税率为 11%，若采购 17%、13% 税率的货物，将获得 6%、2% 的税差收益；若采购 6%、3% 税率的货物、服务或无形资产，将形成 5%、8% 的税差损失；采购 11% 税率的货物、服务，进项税额与销项税额将维持平衡。

采购权之争与均衡分析

比如，采购钢筋，可以抵扣 17% 的税款；采购商品砼只能抵扣 3% 的税款。

【政策】《关于简并增值税征收率有关问题的公告》（国家税务总局 2014 年 36 号公告）规定：商品砼的征收率为 3%。

由谁采购、采购何种税率的货物、服务或无形资产，涉及不同的税款抵扣。所以，“营改增”之后甲乙双方的商务谈判、合同签订成为一个典型的博弈过程，必须磋商好，以实现双方的税负均衡。

第3讲

“营改增”新政（二）

——房地产业

房地产业“营改增”新政

□ **销售不动产**

销售不动产，是指转让不动产所有权的业务活动。这是房地产业很重要的一个税目。

转让建筑物有限产权或者永久使用权的，转让在建的建筑物或者构筑物所有权的，以及在转让建筑物或者构筑物时一并转让其所占土地的使用权的，按照销售不动产缴纳增值税。

【概念】不动产，是指不能移动或者移动后会引起性质、形状改变的财产，包括建筑物、构筑物等。

□ 建筑物：包括住宅、商业营业用房、办公楼等可供居住、工作或者进行其他活动的建造物。

□ 构筑物：包括道路、桥梁、隧道、水坝等建造物。

【引申】有限产权是相对于完全产权而言的，房产拥有者不仅体现着

房地产业“营改增”新政

对拥有房产的年限的有限性，也意味着房产拥有者对房产的部分权能受到限制。

所谓完全产权，是指房产购买人对住房拥有完整的所有权，包括占有、使用、收益和处分权能。

一、开发商（一般纳税人）销售不动产

1. 销售开发的房地产新项目

（1）开发商销售其开发的房地产新项目（选择简易计税方法的房地产老项目除外），以取得的全部价款和价外费用，扣除受让土地时向政府部门支付的土地价款后的余额为销售额。

【思考】计算销售额时如何扣除土地价款?

销售额 =（全部价款 + 价外费用 - 当期允许抵扣的土地价款）/（1 +11%）

当期允许抵扣的土地价款 =（当期销售房地产项目建筑面积/房地产项目可供销售建筑面积）支付的土地价款

【引申】土地价款被视为含税价，必须进行价税分离，这样处理的结果是销售额被高估了，即土地价款并未全部实现减除，只是减除了实际支出金额的 1/1. 11 倍，大约相当于土地成本仅减除 90%，土地成本的扣除并不彻底。

【案例】开元房地产公司销售房地产的单价为 8880 元/平方米（含税价），已经销售房产 1 万平方米。土地价款分摊到每平方米可售面积的单位成本为 3330 元。请计算已售项目部分的销售额与销项税额。

【分析】（8880 - 3330）×10000/（1 +11%）=50000000（元）

50000000 ×11% =5500000（元）

（2）销售自行开发的房地产老项目。

【适用政策】可以选择适用简易计税方法，按照 5% 的征收率计税。

【注释】房地产老项目，是指《建筑工程施工许可证》注明的合同开工日期在 2016 年 4 月 30 日前的房地产项目；或者，未取得《建筑工程施工许可证》的，建筑工程承包合同注明的开工日期在 2016 年 4 月 30 日前的建筑工程项目。

房地产业“营改增”新政

2. 可以选择简易计税方法但选择一般计税方法的特殊情形

(1) 销售2016年4月30日前取得的不动产。

适用一般计税方法的，全额计税，差额预缴，预征率5%。

(2) 销售2016年4月30日前自建的不动产。

适用一般计税方法的，全额计税，全额预缴，预征率5%。

(3) 房地产开发企业销售老项目。

适用一般计税方法计税的，全额征税，差额预缴，预征率3%。最终在机构所在地进行纳税申报，税率11%，但允许以全部价款和价外费用扣除土地价款后的余额为销售额。

【案例】联合房地产为一般纳税人，2014年5月31日购入一栋办公大楼作为固定资产，购买价2000万元，2016年5月31日因企业调整战略将该栋办公大楼转让，转让价格为2520万元。联合房地产转让该栋办公大楼的增值税选择简易计税方法（契税3%，折旧年限20年，净残值为0）。

【思考】请作出购入、转让办公大楼的应纳税额及账务处理（采用简易计税方法）。

【分析】

(1) 2014年5月31日购入时：

契税 $=2000\times3\%=60$（万元）

借：固定资产——办公大楼　　20600000

　　贷：银行存款　　20600000

(2) 2014年6月1日—2016年5月31日累计折旧：

累计折旧 $=2060/20\times2=206$（万元）

借：管理费用——固定资产折旧　　2060000

　　贷：累计折旧　　2060000

(3) 2016年5月31日转让时：

a. 借：固定资产清理：　　18540000

　　　累计折旧　　2060000

　　　贷：固定资产——办公大楼　　20600000

b. 转让时增值税销项税额 $=(2520-2060)/(1+5\%)\times5\%=21.90$（万元）。

房地产业“营改增”新政

借：银行存款　　2520

　　贷：应交税费——应交增值税（销项税额）　　219000

　　　　固定资产清理　　24981000

借：固定资产清理　　6441000

　　贷：营业外收入　　6441000

c. 缴纳增值税：

借：应交税费——应交增值税（已交税金）　　219000

　　贷：银行存款　　219000

（4）转让办公大楼的企业所得税 =644.10×25% =161.03（万元）。

a. 计提转让办公大楼企业所得税：

借：所得税费用　　1610300

　　贷：应交税费——应交所得税　　1610300

b. 缴纳企业所得税：

借：应交税费——应交所得税　　1610300

　　贷：银行存款　　1610300

【案例】联合房地产为一般纳税人，2014 年 5 月 31 日购入一栋办公大楼作为固定资产，购买价 2000 万元，2016 年 5 月 31 日因企业调整战略将该栋办公大楼转让，转让价格为 2520 万元。联合房地产转让该栋办公大楼的增值税选择契税 3%（折旧年限 20 年，净残值为 0，该企业当期没有进项税额）。

【要求】在一般计税方法下计算转让办公大楼的增值税。

【分析】契税 =2000×3% =60（万元）

（1）转让时向不动产所在地主管地税机关预缴税款。预缴增值税应纳税额 =(2520 -2060)/(1 +11%)×5% =20.72（万元）。

（2）向机构所在地主管国税机关申报纳税申报增值税应纳税额 = 当期销项税额 - 当期进项税额 - 当月预缴税额 =2520/(1 +11%)×11% -0 -20.72 =229.01（万元）。

【案例】联合房地产为一般纳税人，2014 年 5 月 31 日自建一栋办公大楼作为固定资产，成本 2000 万元，2016 年 5 月 31 日因企业调整战略将该栋办公大楼转让，转让价格为 2520 万元。联合房地产转让该栋办公大楼的

房地产业“营改增”新政

增值税选择简易计税方法（折旧年限20年，净残值为0）。

【要求】计算转让办公大楼的增值税。

【分析】转让时增值税销项税额 =2 520/(1 +5%) ×5% =120（万元）。

【案例】联合房地产为一般纳税人，2014年5月31日自建一栋办公大楼作为固定资产，成本2000万元，2016年5月31日因企业调整战略将该栋办公大楼转让，转让价格为2520万元。联合房地产转让该栋办公大楼的增值税选择一般计税方法（折旧年限20年，净残值为0，该企业没有当期进项税额）。

【要求】计算转让办公大楼的增值税。

【分析】（1）转让时向不动产所在地主管地税机关预缴税款。

预缴增值税应纳税额 =2520/(1 +11%) ×5% =113.51（万元）

（2）向机构所在地主管国税机关申报纳税申报增值税应纳税额 = 当期销项税额 - 当期进项税额 - 当月预缴税额 =2520/(1 +11%) ×11% -0 -113.51 =136.22（万元）。

【特殊情形1】预售房产。

房地产开发企业预售所开发的房地产项目，在收到预收款时按照3%的预征率预缴增值税。

应纳税款 = 预收款/(1 + 适用税率或征收率) ×3%

【特殊情形2】销售跨省不动产。

一般纳税人跨省销售与机构所在地不在同一省（自治区、直辖市或者计划单列市）的不动产，在机构所在地申报纳税时，计算的应纳税额小于已预缴税额，且差额较大的，由国家税务总局通知不动产所在地省级税务机关，在一定时期内暂停预缴增值税。

【特殊情形3】退还多缴的营业税。

“营改增”试点之日前已缴纳营业税，“营改增”试点后因发生退款减除营业额的，应当向原主管地税机关申请退还营业税。

【特殊情形4】稽查补税。

试点纳税人纳入“营改增”试点之日前发生的应税行为，因税收检查等原因需要补缴税款的，应按照营业税政策规定补缴营业税。

房地产业“营改增”新政

二、房地产企业小规模纳税人销售不动产的情形

1. 销售其自行开发的房地产项目

（1）销售其自行开发的房地产老项目。

按照 5% 的征收率计税。

（2）销售其自行开发的房地产新项目。

按照 5% 的征收率计税。

2. 销售其取得的不动产

差额征税，征收率 5%，差额预缴。

3. 销售其自建的不动产

全额征税，征收率 5%，全额预缴。

三、个体工商户销售购买的住房

1. 北上广深以外地区

（1）个人将购买不足 2 年的住房对外销售的，按照 5% 的征收率全额缴纳增值税；

（2）个人将购买 2 年以上（含 2 年）的住房对外销售的，免征增值税。

2. 北上广深地区

（1）个人将购买不足 2 年的住房对外销售的，按照 5% 的征收率全额缴纳增值税；

（2）个人将购买 2 年以上（含 2 年）的非普通住房对外销售的，以销售收入减去购买住房价款后的差额按照 5% 的征收率缴纳增值税；

（3）个人将购买 2 年以上（含 2 年）的普通住房对外销售的，免征增值税。

四、其他个人销售其取得（不含自建）的不动产（不含其购买的住房）

差额征税，征收率为 5%。

【思考 1】个人出售自建房征税：按照小规模自建房出售处理，全额按照 5% 的征收率计税。

【思考 2】个人出售住房：适用于减免税政策。同上述个体工商户政策。

第4讲

“营改增”新政（三）

——不动产出租和投资

房地产业“营改增”新政

一、融资租赁服务

1. 概念：具有融资性质和所有权转移特点的租赁活动。

2. 出租人根据承租人所要求的规格、型号、性能等条件购入有形动产或者不动产租赁给承租人，合同期内租赁物所有权属于出租人，承租人只拥有使用权，合同期满付清租金后，承租人有权按照残值购入租赁物，以拥有其所有权。不论出租人是否将租赁物销售给承租人，均属于融资租赁。房地产租赁，分为融资租赁服务与经营租赁服务。

3. 按照标的物的不同，融资租赁服务可分为有形动产融资租赁服务和不动产融资租赁服务。

4. 融资性售后回租不按照本税目缴纳增值税。

房地产业“营改增”新政

5. 经人民银行、银监会或者商务部批准从事融资租赁业务的试点纳税人，提供融资租赁服务，以取得的全部价款和价外费用，扣除支付的借款利息（包括外汇借款和人民币借款利息）、发行债券利息和车辆购置税后的余额为销售额。

二、经营租赁服务

1. 概念：在约定时间内将有形动产或者不动产转让他人使用且租赁物所有权不变更的业务活动。

2. 按照标的物的不同，经营租赁服务可分为有形动产经营租赁服务和不动产经营租赁服务。

3. 将建筑物、构筑物等不动产或者飞机、车辆等有形动产的广告位出租给其他单位或者个人用于发布广告，按照经营租赁服务缴纳增值税。

4. 车辆停放服务、道路通行服务（包括过路费、过桥费、过闸费等）等按照不动产经营租赁服务缴纳增值税。

5. 水路运输的光租业务、航空运输的干租业务，属于经营租赁（注释：出租方不配备操作人员或机组人员，不承担运输过程中发生的各项费用，只收取固定租赁费）。

6. 不动产租赁服务的税务处理

（1）一般纳税人出租其 2016 年 4 月 30 日前取得的不动产，可以选择适用简易计税方法，按照 5% 的征收率计算应纳税额。纳税人出租其 2016 年 4 月 30 日前取得的与机构所在地不在同一县（市）的不动产，应按照上述计税方法在不动产所在地预缴税款后，向机构所在地主管税务机关进行纳税申报。

应预缴税款 = 含税销售额/（1 +5%）×5%

（2）公路经营企业中的一般纳税人收取试点前开工的高速公路的车辆通行费，可以选择适用简易计税方法，减按 3% 的征收率计算应纳税额。

试点前开工的高速公路，是指相关施工许可证明上注明的合同开工日期在 2016 年 4 月 30 日前的高速公路。

（3）一般纳税人出租其 2016 年 5 月 1 日后取得的、与机构所在地不在

房地产业“营改增”新政

同一县（市）的不动产，应按照3%的预征率在不动产所在地预缴税款后，向机构所在地主管税务机关进行纳税申报。

（4）小规模纳税人出租其取得的不动产（不含个人出租住房），应按照5%的征收率计算应纳税额。纳税人出租与机构所在地不在同一县（市）的不动产，应按照上述计税方法在不动产所在地预缴税款后，向机构所在地主管税务机关进行纳税申报。

（5）其他个人出租其取得的不动产（不含住房），应按照5%的征收率计算应纳税额。

（6）个人出租住房，应按照5%的征收率减按1.5%计算应纳税额。

租赁业务	税率
有形动产经营租赁	17%
有形动产融资租赁	17%
不动产经营租赁	11%
不动产融资租赁	11%
有形动产融资性售后回租	6%
不动产融资性售后回租	6%

除财政部和国家税务总局另有规定外，纳税人提供有形动产经营租赁服务、有形动产融资租赁服务，适用17%税率；

纳税人提供不动产经营租赁服务、不动产融资租赁服务，适用11%税率；

纳税人提供有形动产融资性售后回租、不动产融资性售后回租服务，适用6%税率。

不动产经营租赁增值税政策比较

计税办法	出租试点前取得的不动产	出租试点后取得的不动产
一般纳税人	1. 可以选择适用简易计税方法，按 5% 计算。不动产所在地预缴，回机构所在地申报。 2. 公路经营企业中的一般纳税人收取试点前（施工许可证注明的开工日期）开工的高速公路的车辆通行费，可以选择适用简易计税方法，减按 3% 征收。	一般纳税人出租其 2016 年 5 月 1 日后取得的、与机构所在地不在同一县（市）的不动产，应按 3% 就地预缴，回机构所在地申报（11%）。
小规模纳税人	小规模纳税人出租其取得的不动产（不含个人出租住房），应按照 5% 的征收率计算应纳税额。纳税人出租与机构所在地不在同一县（市）的不动产，应按照上述计税方法就地预交，机构所在地申报。	
其他个人	其他个人出租其取得的不动产（不含住房），应按照 5% 的征收率计算应纳税额。	
个人	个人（含个体工商户）出租住房，应按照 5% 的征收率减按 1.5% 计算应纳税额。	
征收机构	其他个人出租不动产由国税委托地税代征，其余由国税征收。	
备注	一般纳税人跨省出租取得的与机构所在地不在同一省的不动产，在机构所在地申报纳税时，计算的应纳税额小于已预缴税额，且差额较大的，由国家税务总局通知不动产所在地省级税务机关，在一定时期内暂停预缴增值税。	

房地产业“营改增”新政

不动产投资： 视同销售进行税务处理。

一、增值税

不动产对外投资，视同销售不动产，按照公允价值计算缴纳增值税，适用税率为11%。

【注释】

取得不动产：包括以直接购买、接受捐赠、接受投资入股、自建以及抵债等各种形式取得不动产，不包括房地产开发企业自行开发的房地产项目。

开发不动产： 房地产企业开发建造的不动产项目。

不动产投资： 视同销售。

二、企业所得税

计算不动产投资转让所得，计算缴纳企业所得税。

三、土地增值税

不动产投资，房地产企业需要缴纳土地增值税，非房地产企业不需要缴纳土地增值税。

四、契税

不动产投资被投资方需要缴纳契税。

第 5 讲

“营改增”新政（四）

——金融服务

中国金融业“营改增”变革

面对中国经济新常态，针对经济周期变化，我国政府提出供给侧结构性改革，要求从需求和供给相配合角度，有效调整经济结构，推动产业升级转型。正是在这种社会经济背景下，中国率先在金融业实施“营改增”，即将金融业纳入增值税征收范围。这不仅是金融业的一次重大税制改革，同时也是世界范围内金融领域第一次大规模采用增值税制度的变革，中国将为世界增值税制度改革提供研究样本和实践案例。

金融业“营改增”特征

□“营改增”作为税制改革的重要一步，对规范金融业的整体发展、保持上下游行业税收链条的完整性和构建新型增值税制度体系将发挥积极作用。

□“营改增”对金融企业的财务核算体系、增值税管理平台、定价策略与模式等提出新的要求。但由于金融业业态复杂、产品创新快，导致此次金融业“营改增”试点改革不彻底。比如，对于下游企业而言，贷款服务利息支出、金融商品转让不能抵扣进项税额。

“营改增”对金融业的冲击

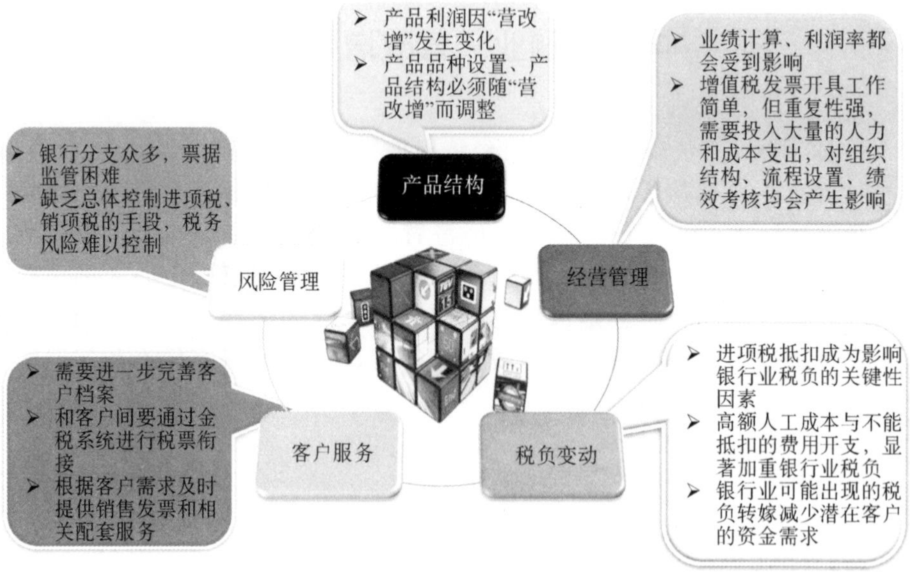

“营改增”对金融机构的影响

“营改增”不仅仅是实现增值税开票系统与银行业务系统的有效衔接和解决在衔接过程中出现的硬件、软件等问题。也不是通过简单的咨询，制订相应的增值税开票流程和规范工作人员业务行为。

金融机构一般是多法人结构，所有网点全部完成业务整理并形成规范的申报缴纳数据，对金融业的人力资源要求高，金融企业的税收遵从成本会有大幅度增长。

金融业机构收入分散但支出集中而造成的进销项不匹配问题。在增值税制度下，没有统一的税收筹划导致隐形税负大为增加。

增值税的征收范围

《财政部　国家税务总局关于全面推开营业税改征增值税试点的通知》（财税［2016］36 号）规定，在中华人民共和国境内销售服务、无形资产或者不动产（以下称应税行为）的单位和个人，为增值税纳税人，应当按照本办法缴纳增值税，不缴纳营业税。

中华人民共和国境外单位或个人在境内发生应税行为，在境内未设有经营机构的，以购买方为增值税扣缴义务人。

在境内销售服务、无形资产或者不动产，是指：

（一）服务（租赁不动产除外）或者无形资产（自然资源使用权除外）的销售方或者购买方在境内；

（二）所销售或者租赁的不动产在境内；

（三）所销售自然资源使用权的自然资源在境内；

（四）财政部和国家税务总局规定的其他情形。

下列情形不属于在境内销售服务或者无形资产：

1. 境外单位或者个人向境内单位或者个人销售完全在境外发生的服务；

增值税的征收范围

2. 境外单位或者个人向境内单位或者个人销售完全在境外使用的无形资产；

3. 境外单位或者个人向境内单位或者个人销售完全在境外使用的有形动产；

4. 财政部和国家税务总局规定的其他情形。

金融服务的征收范围

金融服务，是指经营金融保险的业务活动。包括贷款服务、直接收费金融服务、保险服务和金融商品转让。各税目的增值税征收政策各不相同，因此，实际操作时要妥善将业务划分至对应税目并进行正确的纳税处理。

值得注意的是，符合条件的政府性基金、行政事业性收费、员工为本单位或者雇主提供取得工资的金融服务、单位或者个体工商户为聘用的员工提供金融服务等非经营活动中提供的金融服务，不在征收范围之内。

另外，不可忽视金融业多种类型的“视同销售”行为。

1. 贷款服务

贷款，是指将资金贷与他人使用而取得利息收入的业务活动。

（1）各种占用、拆借资金取得的收入，包括金融商品持有期间（含到期）利息（保本收益、报酬、资金占用费、补偿金等）收入、信用卡透支利息收入、买入返售金融商品利息收入、融资融券收取的利息收入，以及融资性售后回租、押汇、罚息、票据贴现、转贷等业务取得的利息及利息性质的收入，按照贷款服务缴纳增值税。

（2）融资性售后回租，是指承租方以融资为目的，将资产出售给从事融资性售后回租业务的企业后，从事融资性售后回租业务的企业将该资产出租给承租方的业务活动。

（3）以货币资金投资收取的固定利润或者保底利润，按照贷款服务缴纳增值税。

金融服务的征收范围

2. 直接收费金融服务

为货币资金融通及其他金融业务提供相关服务并且收取费用的业务活动。

包括提供货币兑换、账户管理、电子银行、信用卡、信用证、财务担保、资产管理、信托管理、基金管理、金融交易场所（平台）管理、资金结算、资金清算、金融支付等服务。

3. 保险服务

投保人根据合同约定，向保险人支付保险费，保险人对于合同约定的可能发生的事故因其发生所造成的财产损失承担赔偿保险金责任，或者当被保险人死亡、伤残、疾病或者达到合同约定的年龄、期限等条件时承担给付保险金责任的商业保险行为。

（1）人身保险服务：以人的寿命和身体为保险标的的保险业务活动。（2）财产保险服务：以财产及其有关利益为保险标的的保险业务活动。

4. 金融商品转让

（1）金融商品转让：转让外汇、有价证券、非货物期货和其他金融商品所有权的业务活动。

（2）其他金融商品转让：包括基金、信托、理财产品等各类资产管理产品和各种金融衍生品的转让。

纳税人身份确定

纳税人发生应税金融服务的年应征增值税销售额（简称应税销售额）超过财政部和国家税务总局规定标准的纳税人为一般纳税人，未超过规定标准的纳税人为小规模纳税人。

对于发生金融业服务而言，年应征增值税销售额标准为500万元。

【政策要求】（1）发生金融业服务的纳税人应税服务的年销售额超过500万元，应当向主管税务机关申请增值税一般纳税人资格登记。

纳税人身份确定

（2）一般纳税人的认定标准不适用其他个人。年应税销售额超过规定标准但不经常发生应税行为的单位和个体工商户可选择按照小规模纳税人纳税。

（3）年应税销售额未超过规定标准的纳税人，会计核算健全，能够提供准确税务资料的，可以向主管税务机关办理一般纳税人资格登记，成为一般纳税人。

【注释】"年应税销售额"是指纳税人在连续不超过12个月的经营期内累计应征增值税销售额，含减、免税销售额、发生境外应税行为销售额以及按规定已从销售额中差额扣除的部分。

税率及征收率

（一）一般纳税人提供金融服务适用的税率为6%。

（二）一般纳税人提供金融服务实行简易征收时，征收率为3%。

（三）小规模纳税人提供金融服务，征收率为3%。

（四）境外单位或者个人在境内发生应税金融服务，在境内未设有经营机构的，境内购买人作为扣缴义务人履行扣缴义务时按照金融服务的适用税率6%扣缴增值税，而不适用简易征收及征收率。

农村信用社、村镇银行、农村资金互助社、由银行业机构全资发起设立的贷款公司、法人机构在县（县级市、区、旗）及县以下地区的农村合作银行和农村商业银行提供金融服务收入，可以选择适用简易计税方法按照3%的征收率计算缴纳增值税（财税［2016］46号）。

对中国农业银行纳入"三农金融事业部"改革试点的各省、自治区、直辖市、计划单列市分行下辖的县域支行和新疆生产建设兵团分行下辖的县域支行（县事业部），提供农户贷款、农村企业和农村各类组织贷款取得的利息收入，可以选择适用简易计税方法按照3%的征收率计算缴纳增值税（财税［2016］46号）。

一般计税方法

一般计税方法的应纳税额按以下公式计算：

应纳税额 = 当期销项税额 - 当期进项税额

当期销项税额小于当期进项税额不足抵扣时，其不足部分可以结转下期继续抵扣。

销项税额计算公式：销项税额 = 销售额 × 税率（6%）

含税销售额的价税分离公式：

销售额 = 含税销售额 ÷（1 + 税率）

进项税额，是指纳税人购进货物、加工修理修配劳务、服务、无形资产或者不动产，支付或者负担的增值税额。“营改增”后，金融业实行一般计税方法，购进的不动产、货物、无形资产和服务等产生的进项税额可以抵扣。

【案例】安徽某商业银行乙是增值税一般纳税人，于 2016 年 5 月 16 日与个人客户甲在天津营业机构签订一份贷款合同，合同规定乙银行于合同签订当日向甲贷出人民币 50000 元整，贷款期限为一年，约定贷款年利率为 10.6%，并约定甲于 5 月份先支付一半的利息即 2650（50000 × 10.6% × 50%）元。该笔业务的含税销售额为 2650 元。

【分析】

不含税销售额：2650 ÷（1 + 6%）= 2500（元）

对应的增值税销项税额：2500 × 6% = 150（元）

简易计税方法

简易计税方法操作要点

按照销售额和征收率计算应缴纳的增值税额，不得抵扣进项税额。应纳税额计算公式：

简易计税方法

应纳税额 = 销售额 × 征收率

简易计税方法下的销售额不包括应纳税额，纳税人采用销售额和应纳税额合并定价方法的（即含税价），按照下列公式计算销售额：

销售额 = 含税销售额 ÷（1 + 征收率）

小规模纳税人的简易征收方式

小规模纳税人的应纳税额计算也采用简易计税方法。

若小规模纳税人提供的应税金融服务未达到起征点，免征增值税；达到起征点的，全额计算缴纳增值税。

增值税小规模纳税人，月销售额或营业额不超过 3 万（含），免征增值税；对于银行、财务公司、信用社、信托投资公司等以 1 个季度为纳税期限的增值税小规模纳税人，季度销售额不超过 9 万元的，免征增值税。

销售额的基本规定

纳税人的营业额为纳税人提供金融服务收取的全部价款和价外费用，财政部和国家税务总局另有规定的除外。

价外费用是指服务本身定价之外的各种性质的收费，但不包括以下项目：

1. 代为收取并符合规定的政府性基金或者行政事业性收费；

2. 以委托方名义开具发票并代其收取的款项。如代收电话费、水电煤气费、信息费、学杂费、寻呼费等。

销售额的具体规定

应税服务	销售额确认方法	销售额具体内容	备注
贷款服务	全额计税	提供贷款服务取得的全部利息及利息性质的收入。	包括加息、罚息和转贷利息收入。
融资性售后回租	差额计税	符合条件的，按照差额确认销售额。	若相抵后出现负差，可结转下期抵减销售额，但不得转入下一会计年度。
直接收费金融服务	全额计税	提供直接收费金融服务收取的手续费、佣金、酬金、管理费、服务费、经手费、开户费、过户费、结算费、转托管费等各类费用。	接受服务方，拿到合法的专用发票，允许抵扣进项税额。
保险服务	全额计税	提供保险服务按照保险合同向投保人收取的保费收入。	包含再保险保费收入。
金融商品转让	差额计税	按照卖出价扣除买入价后的余额为销售额。转让金融商品出现的正负差，按盈亏相抵后的余额为销售额。需要注意的是，对于银行买卖金银，由于金银属特殊商品，应按照17%的税率缴纳增值税，并不是按照金融商品转让税目征税。	若相抵后出现负差，可结转下一纳税期与下期转让金融商品销售额相抵，但年末时仍出现负差的，不得转入下一个会计年度。 金融商品的买入价，可以选择按照加权平均法或者移动加权平均法进行核算，选择后36个月内不得变更。

销售额——其他规定

1. 混合销售

如果一项销售行为如果既涉及金融服务又涉及货物，为混合销售。从事货物的生产、批发或者零售的单位和个体工商户的混合销售行为，按照销售货物缴纳增值税；其他单位和个体工商户的混合销售行为，按照销售服务缴纳增值税。对银行等专业金融机构而言，其主营业务为贷款、直接收费金融服务等，因此其所涉及的混合销售应该按照销售金融服务缴纳增值税。

2. 折扣

同销售货物或其他服务一样，纳税人在提供应税金融服务时，若将价款和折扣额在同一张发票上分别注明的，则以折扣后的价款为销售额；若未在同一张发票上分别注明的，将以价款全额为销售额，不得扣减折扣额。

例如，银行、保险公司等金融机构，为了提高业务量、吸引顾客，给予一些新办卡客户、贷款客户、投保人一些费用上的优惠，此时注意在开具发票时将折扣额分别注明在金额栏，才能按照折扣后的金额确认销售额。

3. 视同销售

单位或者个体工商户向其他单位或者个人无偿提供应税金融服务（但用于公益事业或者以社会公众为对象的除外），应该视同提供应税金融服务，应该纳入金融服务的征税范围。银行向办卡客户免费赠送小礼品、向新开户客户免除年费、银行卡消费积分换购等情况按照增值税法规都属于视同销售。

4. 销售贵金属

销售实物贵金属业务需要缴纳增值税，销售额为贵金属的不含税销售额。

计算公式为：销项税额 = 当期不含税销售额 ×17%

5. 销售自己使用过的固定资产

（1）对于销售购进时未抵扣进项税的固定资产，应按简易办法依照3%征收率减按2%征收增值税，且不得开具增值税专用发票。具体公式为：

销项税额 = 当期含税销售额 ÷（1 +3%）×2%

（2）对于购进时已抵扣进项税的固定资产，按照适用税率17%计算销项税。

计算公式为：销项税额 = 当期不含税销售额 ×17%

金融服务涉及的不征税收入

（一）存款利息

存储在国家规定的吸储机构所取得的存款利息，不征收增值税。

（二）被保险人获得的保险赔付。

人身保险属于人寿保险范畴，被保险人获得的保险赔付不征收增值税。

增值税优惠政策——免征增值税

1. 以下利息收入免征增值税：

（1）2016 年 12 月 31 日前，金融机构农户小额贷款。

（2）国家助学贷款。

（3）国债、地方政府债。

（4）人民银行对金融机构的贷款。

（5）住房公积金管理中心用住房公积金在指定的委托银行发放的个人住房贷款。

（6）外汇管理部门在从事国家外汇储备经营过程中，委托金融机构发放的外汇贷款。

（7）“统借统还”业务中，企业集团或企业集团中的核心企业以及集团所属财务公司按不高于支付给金融机构的借款利率水平或者支付的债券票面利率水平，向企业集团或者集团内下属单位收取的利息。

【注意】统借方向资金使用单位收取的利息，高于支付给金融机构借款利率水平或者支付的债券票面利率水平的，应全额缴纳增值税。

2. 金融同业往来利息收入：

（1）金融机构与人民银行所发生的资金往来业务。包括人民银行对一般金融机构贷款，以及人民银行对商业银行的再贴现等。

增值税优惠政策——免征增值税

（2）银行联行往来业务。同一银行系统内部不同行、处之间所发生的资金账务往来业务。

（3）金融机构间的资金往来业务。是指经人民银行批准，进入全国银行间同业拆借市场的金融机构之间通过全国统一的同业拆借网络进行的短期（一年以下含一年）无担保资金融通行为。

（4）金融机构之间开展的转贴现业务。

（5）财税［2016］46号文补充金融机构质押式买入返售金融商品或是持有政策性金融债券取得的利息收入也属于《营业税改征增值税试点过渡政策的规定》第一条第二十三项所称的金融同业往来利息收入。

3. 被撤销金融机构以货物、不动产、无形资产、有价证券、票据等财产清偿债务。

4. 保险公司开办的一年期以上人身保险产品取得的保费收入。

一年期以上人身保险：保险期间为一年期及以上返还本利的人寿保险、养老年金保险，以及保险期间为一年期及以上的健康保险。

其中，养老年金保险应当同时符合下列条件：

（1）保险合同约定给付被保险人生存保险金的年龄不得小于国家规定的退休年龄。

（2）相邻两次给付的时间间隔不得超过一年。

5. 下列金融商品转让收入：

（1）合格境外投资者（QFII）委托境内公司在我国从事证券买卖业务。

（2）香港市场投资者（包括单位和个人）通过沪港通买卖上海证券交易所上市A股。

（3）香港市场投资者（包括单位和个人）通过基金互认买卖内地基金份额。

（4）证券投资基金（封闭式证券投资基金，开放式证券投资基金）管理人运用基金买卖股票、债券。

（5）个人从事金融商品转让业务。

6. 国家商品储备管理单位及其直属企业承担商品储备任务，从中央或者地方财政取得的利息补贴收入和价差补贴收入免征增值税。

增值税优惠政策——免征增值税

7. 同时符合下列条件的担保机构从事中小企业信用担保或者再担保业务取得的收入（不含信用评级、咨询、培训等收入）3 年内免征增值税：

（1）已取得监管部门颁发的融资性担保机构经营许可证，依法登记注册为企（事）业法人，实收资本超过 2000 万元。

（2）平均年担保费率不超过银行同期贷款基准利率的 50%。

（3）连续合规经营 2 年以上，资金主要用于担保业务，具备健全的内部管理制度和为中小企业提供担保的能力，经营业绩突出，对受保项目具有完善的事前评估、事中监控、事后追偿与处置机制。

（4）为中小企业提供的累计担保贷款额占其两年累计担保业务总额的 80% 以上，单笔 800 万元以下的累计担保贷款额占其累计担保业务总额的 50% 以上。

（5）对单个受保企业提供的担保余额不超过担保机构实收资本总额的 10%，且平均单笔担保责任金额最多不超过 3000 万元人民币。

（6）担保责任余额不低于其净资产的 3 倍，且代偿率不超过 2%。

担保机构免征增值税政策采取备案管理方式。符合条件的担保机构应到所在地县（市）主管税务机关和同级中小企业管理部门履行规定的备案手续，自完成备案手续之日起，享受 3 年免征增值税政策。

3 年免税期满后，符合条件的担保机构可按规定程序办理备案手续后继续享受该项政策。

增值税的征收管理——纳税义务时间

纳税人发生应税行为并收讫销售款项或者取得索取销售款项凭据的当天；先开具发票的，为开具发票的当天。

收讫销售款项，是指纳税人销售融资租赁服务过程中或者完成后收到款项。取得索取销售款项凭据的当天，是指书面合同确定的付款日期；未签订书面合同或者书面合同未确定付款日期的，为服务、无形资产转让完成的当天或者不动产权属变更的当天。

纳税人提供租赁服务采取预收款方式的，其纳税义务发生时间为收到预收款的当天。

1. 金融企业发放贷款后，自结息日起90天内发生的应收未收利息按现行规定缴纳增值税，自结息日起90天后发生的应收未收利息暂不缴纳增值税，待实际收到利息时按规定缴纳增值税。

2. 从事金融商品转让，为金融商品所有权转移的当天。

3. 单位或者个体工商户向其他单位或者个人无偿提供金融服务的（用于公益事业或者以社会公众为对象的除外），其纳税义务发生时间为金融服务完成的当天。

增值税的征收管理——纳税地点

固定业户应当向其机构所在地或者居住地主管税务机关申报纳税。

总机构和分支机构不在同一县（市）的，应当分别向各自所在地的主管税务机关申报纳税；

经财政部和国家税务总局或者其授权的财政和税务机关批准，可以由总机构汇总向总机构所在地的主管税务机关申报纳税。

第 6 讲

“营改增”新政（五）
——销售服务、无形资产

一、“营改增”新政：交通运输服务

交通运输服务：利用运输工具将货物或者旅客送达目的地，使其空间位置得到转移的业务活动。

包括：陆路运输服务、水路运输服务、航空运输服务和管道运输服务。一般纳税人税率为 11%。

【引申】 混合销售及兼营行为的拆分。

1. 拆分交通运输服务与物流辅助服务（两种服务适用不同的税率，税率分别为 17% 和 6%）；

2. 拆分销售货物与交通运输服务（销售货物与提供运输服务适用不同的税率，分别为 17% 和 11%）。

二、“营改增”新政：邮政服务

□ **邮政服务：**中国邮政集团公司及其所属邮政企业提供邮件寄递、邮政汇兑和机要通信等基本服务的业务活动。一般纳税人适用税率为11%。

□ **邮政服务的类型：**（1）邮政普遍服务：是指函件、包裹等邮件寄递，以及邮票发行、报刊发行和邮政汇兑等业务活动。（2）邮政特殊服务：是指义务兵平常信函、机要通信、盲人读物和革命烈士遗物的寄递等业务活动。（3）其他邮政服务：是指邮册等邮品销售、邮政代理等业务活动。

三、“营改增”新政：电信服务

电信服务：利用有线、无线的电磁系统或者光电系统等各种通信网络资源，提供语音通话服务，传送、发射、接收或者应用图像、短信等电子数据和信息的业务活动。电信服务包括基础电信服务和增值电信服务。

1. 基础电信服务：利用固网、移动网、卫星、互联网，提供语音通话服务的业务活动，以及出租或者出售带宽、波长等网络元素的业务活动。

2. 增值电信服务：利用固网、移动网、卫星、互联网、有线电视网络，提供短信和彩信服务、电子数据和信息的传输及应用服务、互联网接入服务等业务活动。

□提供基础电信服务，税率为11%；提供增值电信服务，税率为6%。

□以积分兑换形式赠送的电信业服务，不征收增值税。

□卫星电视信号落地转接服务，按照增值电信服务适用6%的税率计算缴纳增值税。

四、“营改增”新政：现代服务

☐ 研发和技术服务
☐ 信息技术服务
☐ 文化创意服务
☐ 物流辅助服务
☐ 租赁服务
☐ 鉴证咨询服务
☐ 广播影视服务
☐ 商务辅助服务
☐ 其他现代服务

现代服务业是指以围绕制造业、文化产业、现代物流产业等提供技术性、知识性服务的业务活动。以电子网络技术为支撑，建立在新的商业模式、服务方式和管理方法基础上的服务产业。

（一）研发和技术服务

☐ 研发和技术服务 = 研发服务 + 合同能源管理服务 + 工程勘察勘探服务 + 专业技术服务

1. 研发服务：也称技术开发服务，是指就新技术、新产品、新工艺或者新材料及其系统进行研究与试验开发的业务活动。

2. 合同能源管理服务：是指节能服务公司与用能单位以契约形式约定节能目标，节能服务公司提供必要的服务，用能单位以节能效果支付节能服务公司投入及其合理报酬的业务活动。

3. 工程勘察勘探服务，是指在采矿、工程施工前后，对地形、地质构造、地下资源蕴藏情况进行实地调查的业务活动。

4. 专业技术服务，是指气象服务、地震服务、海洋服务、测绘服务、城市规划、环境与生态监测服务等专项技术服务。

（二）信息技术服务

☐ 信息技术服务

利用计算机、通信网络等技术对信息进行生产、收集、处理、加工、存储、运输、检索和利用，并提供信息服务的业务活动。

四、“营改增”新政：现代服务

信息技术服务包括：软件服务、电路设计及测试服务、信息系统服务和业务流程管理服务和信息系统增值服务。

（三）文化创意服务

□ 文化创意服务 = 设计服务 + 知识产权服务 + 广告服务 + 会议展览服务

1. 设计服务：把计划、规划、设想通过文字、语言、图画、声音、视觉等形式传递出来的业务活动。

设计服务包括工业设计、内部管理设计、业务运作设计、供应链设计、造型设计、服装设计、环境设计、平面设计、包装设计、动漫设计、网络设计、展示设计、网站设计、机械设计、工程设计、广告设计、创意策划、文印晒图等。

2. 知识产权服务：处理知识产权事务的业务活动。知识产权服务包括：对专利、商标、著作权、软件、集成电路布图设计的登记、鉴定、评估、认证、检索服务。

3. 广告服务：利用图书、报纸、杂志、广播、电视、电影、幻灯、路牌、招贴、橱窗、霓虹灯、灯箱、互联网等各种形式为客户的商品、经营服务项目、文体节目或者通告、声明等委托事项进行宣传和提供相关服务的业务活动。

广告服务包括：广告代理和广告的发布、播映、宣传、展示等。

4. 会议展览服务：为商品流通、促销、展示、经贸洽谈、民间交流、企业沟通、国际往来等举办或者组织安排的各类展览和会议的业务活动。

（四）物流辅助服务

□ 物流辅助服务，包括航空服务、港口码头服务、货运客运场站服务、打捞救助服务、装卸搬运服务、仓储服务和收派服务。

□ 仓储服务，是指利用仓库、货场或者其他场所代客贮放、保管货物的业务活动。

四、“营改增”新政：现代服务

□ 收派服务，是指接受寄件人委托，在承诺的时限内完成函件和包裹的收件、分拣、派送服务的业务活动。

（五）租赁服务

□ 融资租赁服务 + 经营租赁服务

1. 融资租赁服务

有形动产融资租赁服务：税率 17%

不动产融资租赁服务：11%

2. 经营租赁服务

有形动产经营租赁服务：税率 17%

不动产经营租赁服务：11%

（六）鉴证咨询服务

□ 鉴证咨询服务 = 认证服务 + 鉴证服务 + 咨询服务

□ 鉴证咨询服务适用的税率为 6%。

1. 认证服务

具有专业资质的单位利用检测、检验、计量等技术，证明产品、服务、管理体系符合相关技术规范、相关技术规范的强制性要求或者标准的业务活动。

2. 鉴证服务

具有专业资质的单位受托对相关事项进行鉴证，发表具有证明力的意见的业务活动。包括会鉴证计、税务鉴证、法律鉴证、职业技能鉴证、工程造价鉴证、工程监理、资产评估、环境评估、房地产土地评估、建筑图纸审核、医疗事故鉴证等。

3. 咨询服务

提供信息、建议、策划、顾问等服务的活动。包括金融、软件、技术、财务、税收、法律、内部管理、业务运作、流程管理、健康等方面的咨询。

四、“营改增”新政：现代服务

（七）广播影视服务

广播影视服务：税率为6%。

广播影视服务包括：广播影视节目（作品）的制作服务、发行服务和播映（含放映）服务。

（八）商务辅助服务

商务辅助服务：税率为6%。

商务辅助服务包括：企业管理服务、经纪代理服务、人力资源服务、安全保护服务。

1. 企业管理服务，是指提供总部管理、投资与资产管理、市场管理、物业管理、日常综合管理等服务的业务活动。

2. 经纪代理服务：各类经纪、中介、代理服务。包括金融代理、知识产权代理、货物运输代理、代理报关、法律代理、房地产中介、职业中介、婚姻中介、代理记账、拍卖等。

货物运输代理服务，是指接受货物收货人、发货人、船舶所有人、船舶承租人或者船舶经营人的委托，以委托人的名义，为委托人办理货物运输、装卸、仓储和船舶进出港口、引航、靠泊等相关手续的业务活动。

代理报关服务，是指接受进出口货物的收、发货人委托，代为办理报关手续的业务活动。

3. 人力资源服务：提供公共就业、劳务派遣、人才委托招聘、劳动力外包等服务的业务活动。

4. 安全保护服务：提供保护人身安全和财产安全，维护社会治安等的业务活动。包括场所住宅保安、特种保安、安全系统监控以及其他安保服务。

（九）其他现代服务

其他现代服务：除上述八类以外的商务服务活动。

适用税率为6%。

五、“营改增”新政：生活服务

生活服务：税率为 6%。

生活服务：为满足城乡居民日常生活需求提供的各类服务活动。

生活服务 = 文化体育服务 + 教育医疗服务 + 旅游娱乐服务 + 餐饮住宿服务 + 居民日常服务 + 其他生活服务

【提示】 1. 娱乐服务税率也是 6%。

2. 居民日常服务：家政、照料与护理、婚庆、美容美发、按摩、沐浴、洗染等。

六、“营改增”新政：销售无形资产

销售无形资产：转让无形资产所有权或者使用权的业务活动。

除转让土地使用权适用税率为 11% 外，转让其他无形资产适用税率均为 6%。

【注释】 无形资产：不具实物形态，但能带来经济利益的资产，包括技术、商标、著作权、商誉、自然资源使用权和其他权益性无形资产。

【评价】 无形资产所包括的技术、商标、著作权、商誉等均为以前无形资产涵盖的内容，本次税制增加自然资源使用权和其他权益性无形资产等内容。

无形资产分类

(1) 技术，包括专利技术和非专利技术。

(2) 自然资源使用权，包括土地使用权、海域使用权、探矿权、采矿权、取水权和其他自然资源使用权。

(3) 其他权益性无形资产，包括基础设施资产经营权、公共事业特许权、配额、经营权（包括特许经营权、连锁经营权、其他经营权）、经销权、分销权、代理权、会员权、席位权、网络游戏虚拟道具、域名、名称权、肖像权、冠名权、转会费等。

六、“营改增”新政：销售无形资产

【税收政策】

1. 专利技术和非专利技术的转让及相关服务免征增值税；商标权、著作权和商誉的转让按6%的税率征收增值税。

2. 专利技术和非专利技术使用权的让渡及相关服务免征增值税，商标权和著作权的使用权让渡按6%的税率计算销项税额。

财税［2016］36号文件规定：纳税人提供技术转让、技术开发和与之相关的技术咨询、技术服务，免征增值税。

技术转让、技术开发，是指“转让技术”、“研发服务”范围内的业务活动。

第 7 讲

“营改增”新政（六）
——进项税额抵扣

准予抵扣的进项税额

1. 准予从销项税额中抵扣的进项税额

（1）增值税专用发票上注明的增值税额；

（2）海关进口增值税专用缴款书上注明的增值税额；

（3）农产品收购发票或者销售发票上注明的农产品买价和 13% 的扣除率计算进项税额。

（4）从境外单位或者个人购进服务、无形资产或者不动产，自税务机关或者扣缴义务人取得的解缴税款的完税凭证上注明的增值税额。

2. 准予抵扣的不动产进项税额

（1）适用一般计税方法的试点纳税人，2016 年 5 月 1 日后取得并在会计制度上按固定资产核算的不动产或者 2016 年 5 月 1 日后取得的不动产在建工程，其进项税额应自取得之日起分 2 年从销项税额中抵扣，第一年抵扣比例为 60%，第二年抵扣比例为 40%。

准予抵扣的进项税额

（2）一般纳税人在施工现场修建的临时建筑物、构筑物，其进项税额可以一次性抵扣。

【操作细节】

□ 上述进项税额中，60%的部分于取得扣税凭证的当期从销项税额中抵扣；40%的部分为待抵扣进项税额，于取得扣税凭证的当月起第13个月从销项税额中抵扣。

□纳税人2016年5月1日后购进货物和设计服务、建筑服务，用于新建不动产，或者用于改建、扩建、修缮、装饰不动产并增加不动产原值超过50%的，其进项税额分2年从销项税额中抵扣。

【操作细节】

1. 从销项税额中抵扣进项税额，应取得2016年5月1日后开具的合法有效的增值税扣税凭证。

2. 分2年从销项税额中抵扣的购进货物，是指构成不动产实体的材料和设备，包括建筑装饰材料和给排水、采暖、卫生、通风、照明、通讯、煤气、消防、中央空调、电梯、电气、智能化楼宇设备及配套设施。

【评论】增值税抵扣范围历史性扩大，抵扣政策超出社会预期。不动产抵扣政策对房地产市场产生拉动效应。自此，增值税真正成为“消费型”增值税。

各项经济业务的可抵扣进项税率

项目	内容	进项抵扣
购进货物	电子设备、办公设备、劳保用品、电等	17%
购进货物	图书、报刊、杂志、印刷品、暖气、热水等	13%
购进货物	自来水	3%、13%
取得不动产	直接购买、接受捐赠、接受投资入股、自建以及抵债等各种形式取得的不动产	11%

各项经济业务的可抵扣进项税率

项目	内容	进项抵扣
取得无形资产	购买技术（专利技术、非专利技术）、商标权、著作权、经营权、代理权等	6%
电信业	基础电信服务（如：电话费）	11%
	增值电信服务（如：短信、彩信、移动数据流量）	6%
建筑服务	工程服务、安装服务、修缮服务、装饰服务等	11%
金融服务业	贷款服务、金融商品转让	6%（不能抵扣）
	直接收费金融服务、财产保险服务	6%
研发和技术服务	研发服务、转让专利、技术咨询、技术培训、分析评价报告、专业知识咨询、工程勘察勘探等	6%
信息技术服务	软件开发、软件咨询、软件维护、软件测试、网络管理、网络安全服务、人力资源、审计、税务管理、金融支付服务等	6%
文化创意服务	设计服务、网站设计、广告服务、创意策划、文印晒图、广告服务、会议展览服务等	6%
物流辅助服务	航空服务、港口码头服务、货运客运场站服务、装卸搬运服务、仓储服务、收派服务	6%
广播影视服务	广播影视节目（作品）制作服务、发行服务、播映服务	6%
租赁服务	有形动产的融资租赁服务、经营租赁服务等	17%
	无形资产租赁	11%
	2016 年 4 月 30 日前取得的不动产租赁	5%
	2016 年 5 月 1 日后取得的不动产租赁	11%
	2016 年 5 月 1 日后取得的不动产租赁（不含住宅）	5%
	2016 年 5 月 1 日后取得的不动产租赁（个人、个体户的住宅）	5% 减按 1.5%
鉴证咨询服务	会计鉴证、税务鉴证、法律鉴证、资产评估、财务咨询、税务咨询、法律咨询等	6%
商务辅助服务	安全保护服务、物业管理、代理记账、安全保护服务、安全系统监控等	6%

不允许抵扣的进项税额

1. 用于简易计税方法计税项目、免征增值税项目、集体福利或者个人消费的购进货物、加工修理修配劳务、服务、无形资产和不动产。

【注释】涉及的固定资产、无形资产、不动产，仅指专用于上述项目的固定资产、无形资产（不包括其他权益性无形资产）、不动产。纳税人的交际应酬消费属于个人消费。

固定资产：使用期限超过12个月的机器、机械、运输工具以及其他与生产经营有关的设备、工具、器具等有形动产。

2. 非正常损失的购进货物，以及相关的加工修理修配劳务和交通运输服务。

3. 非正常损失的在产品、产成品所耗用的购进货物（不包括固定资产）、加工修理修配劳务和交通运输服务。

4. 非正常损失的不动产，以及该不动产所耗用的购进货物、设计服务和建筑服务。

5. 非正常损失的不动产在建工程所耗用的购进货物、设计服务和建筑服务。

【注释】纳税人新建、改建、扩建、修缮、装饰不动产，均属于不动产在建工程。

6. 购进的旅客运输服务、贷款服务、餐饮服务、居民日常服务和娱乐服务。

【思考】下列进项税额能否抵扣？

（1）住宿费的进项税额；

（2）餐费支出的进项税额；

（3）贷款利息支出的进项税额；

（4）按摩服务支出的进项税额；

（5）委托贷款的手续费支出的进项税额。

【提示】住宿费不符合抵扣条件的情形：

（1）无法取得开具本单位全称的增值税专用发票的住宿费；

（2）交际应酬所发生的住宿费；

（3）福利性质的住宿费，如组织员工外出旅游的住宿费；

（4）个人的住宿费；

（5）选择适用简易计税方法、免征增值税项目所发生的住宿费。

7. 贷款服务相关费用的进项税额。

纳税人接受贷款服务向贷款方支付的与该笔贷款直接相关的投融资顾问费、手续费、咨询费等费用，其进项税额不得从销项税额中抵扣。

不得开具增值税专用发票的情形

1. 金融商品转让不得开具增值税专用发票

金融商品交易属性决定了像股票、债券、衍生金融工具等金融商品的转让大多是通过交易所或交易平台，往往难以界定其受让方是单位还是个人，所以统一规定不能就金融商品转让开具增值税专用发票。

2. 符合条件的纳税人提供有形动产融资性售后回租服务

2016 年 5 月 1 日后试点纳税人提供有形动产融资性售后回租服务，向承租方收取的有形动产价款本金，不得开具增值税专用发票，但可开具普通发票。

“营改增”后不能抵扣的 13 种发票

第 1 种：票款不一致的增值税专用发票

《国家税务总局关于加强增值税征收管理若干问题的通知》（国税发［1995］192 号）第一条第（三）项规定：“购进货物或应税劳务支付货款、劳务费用的对象。纳税人购进货物或应税劳务，支付运输费用，所支付款项的对象，必须与开具抵扣凭证的销货单位、提供劳务的单位一致，才能够申报抵扣进项税额，否则不予抵扣。”

第 2 种：“对开发票”不能抵扣进项税额

没有货物往来的发票对开可能被视为虚开发票。

纳税人如果未能按规定开具红字发票，税务机关在有足够证据的情况下，可根据《发票管理办法》第三十六条规定，未按照规定开具发票的，由税务机关责令限期改正，没收非法所得，可以并处 10 000 元以下的罚款。

第 3 种：“营改增”过渡期，三种发票不能抵扣

（1）“营改增”前购买，“营改增”后收到。

“营改增”前签订的材料采购合同，合同已经履行，但建筑材料在

“营改增”后不能抵扣的13种发票

“营改增”后才收到并用于“营改增”前未完工的项目，且“营改增”后才付款给供应商并收到的增值税专用发票。

（2）“营改增”前购买，“营改增”后付款。

“营改增”前采购的材料已经用于“营改增”前已经完工的工程建设项目，“营改增”后才支付采购款而收到供应商开具的增值税专用发票。

（3）过渡期间的非工程采购。

“营改增”之前采购的设备、劳保用品、办公用品并支付款项，但“营改增”后才收到供应商开具的增值税专用发票。

第4种：没有销售清单不能抵扣

没有供应商开具销售清单的开具“材料一批”、汇总运输发票、办公用品和劳动保护用品的发票。国税发［2006］156号文第十二条规定：一般纳税人销售货物或者提供应税劳务可汇总开具专用发票。汇总开具专用发票的，同时使用防伪税控系统开具《销售货物或者提供应税劳务清单》，并加盖财务专用章或者发票专用章。因此，若没有供应商开具销售清单的开具“材料一批”、汇总运输发票、办公用品和劳动保护用品的发票，不可以抵扣进项税额。

第5种：职工集体福利和个人消费的专用发票

财税［2016］36号文规定：用于集体福利或者个人消费的购进货物、加工修理修配劳务、服务、无形资产和不动产。纳税人的交际应酬消费属于个人消费。

购进货物如果用于企业职工福利，专用发票是不能用来抵扣的，像企业购买的饮水机、饮用水、微波炉，若是为企业集体福利而买，就不能抵扣。

第6种：非正常损失的专用发票

例如：工地上丢失、被盗的钢材、水泥。

（1）非正常损失的购进货物，以及相关的加工修理修配劳务和交通运输服务。

（2）非正常损失的在产品、产成品所耗用的购进货物（不包括固定资产）、加工修理修配劳务和交通运输服务。

（3）非正常损失的不动产，以及该不动产所耗用的购进货物、设计服

“营改增” 后不能抵扣的 13 种发票

务和建筑服务。

（4）非正常损失的不动产在建工程所耗用的购进货物、设计服务和建筑服务。

第 7 种：超过认证期限 180 天的专用发票

如果企业已经取得了增值税专用发票，一定要在 180 日内到税务机关办理认证。国税函［2009］617 号第一条规定：增值税一般纳税人取得 2010 年 1 月 1 日以后开具的增值税专用发票、（货物运输增值税专用发票）和机动车销售统一发票，应在开具之日起 180 日内到税务机关办理认证，并在认证通过的次月申报期内，向主管税务机关申报抵扣进项税额。

第 8 种：与小规模纳税人相关的四种情况不能抵扣

（1）增值税小规模纳税人购进货物取得的发票不允抵扣进项税额。

（2）增值税一般纳税人在以小规模纳税人身份经营期（新开业申请增值税一般纳税人认定受理审批期间除外）购进的货物或者服务取得的增值税专用发票，其进项税额不允许抵扣。

（3）增值税一般纳税人在认定批准的月份（新开业批准为增值税一般纳税人的除外）取得的增值税发票不允许抵扣进项税。

（4）增值税一般纳税人从小规模纳税人处购进货物或者应税劳务取得普通发票（购进农产品除外）不允许抵扣进项税额。

第 9 种：票据无法通过有关部门认证的不能抵扣

（1）增值税一般纳税人购进货物或者服务，取得增值税专用发票、海关进口增值税专用缴款书、农产品收购发票和农产品销售发票不符合法律、行政法规或财政、税务主管部门有关规定的，其进项税额不允许从销项税额中抵扣。

（2）增值税一般纳税人取得的增值税专用发票抵扣联、海关进口增值税专用缴款书交叉稽核比对没有返回比对结果或比对不符时，其进项税额不允许抵扣。

（3）实行海关进口增值税专用缴款书“先比对后抵扣”管理办法的增值税一般纳税人取得进口增值税专用缴款书稽核比对不符的，其进项税额不允许抵扣。

“营改增”后不能抵扣的13种发票

【注】专用发票有无法认证、纳税人识别号不符以及发票代码、号码不符等情形之一的，其进项税额不允许抵扣。但购买方可要求销售方重新开具专用发票，重新认证通过后在规定时间内仍可申报抵扣。

第10种：五种与减免税相关不能抵扣

（1）购进免税货物取得增值税抵扣凭证，进项税额不得抵扣。

（2）购进用于免征增值税项目的货物或者服务以及随之发生的运输费、销售免税货物的运输费用，其进项税额不得从销项税额中抵扣，已申报抵扣的应作进项税额转出处理。

（3）纳税人在免税期内购进用于免税项目的货物或者服务所取得的增值税扣税凭证，一律不得抵扣。

（4）免税货物恢复征税后，收到该项货物免税期间的增值税抵扣凭证注明的进项税额不允许抵扣。

（5）进口货物减免的进口环节增值税税款以及与周边国家易货贸易进口环节减征的增值税税款，不得作为进口货物的进项税额抵扣。

第11种：作废及停止抵扣期间的发票不能抵扣

（1）取得作废增值税抵扣凭证，其进项税额不允许抵扣。

（2）纳税人在停止抵扣进项税额期间所购进货物或服务的进项税额，不得结转到经批准准许抵扣进项税额时抵扣。

第12种：未申请办理一般纳税人认定手续的不能抵扣

增值税纳税人年应税销售额超过小规模纳税人标准，未申请办理一般纳税人认定手续的，按销售额依照增值税税率计算应纳税额，不允许抵扣进项税额。

同时，增值税一般纳税人会计核算不健全，或者不能够提供准确税务资料的，按销售额依照增值税税率计算应纳税额，其取得的进项税额也不允许抵扣。

第13种：购进货物退回或折让收回的已支付增值税进项税额不能抵扣

增值税一般纳税人因购进货物退出或者折让而收回的已支付的增值税进项税额，应从发生购进货物退出或折让当期的进项税额中扣减。

规范专用发票管理

取得发票环节——行为不当，会造成税负增加！

应纳增值税 = 销项税额 - 进项税额

进项税额实现抵扣的构成要件：

（1）必须取得增值税专用发票，普通发票无效！

（2）增值税专用发票必须通过税局认证！

增值税征管实务中，实行“以票管税—以票减票”，开票收入立即实现销项税额，但进项税额因各种原因（无票、假票、虚开票、票不合规等）往往不确认为进项税额。

所以，应纳增值税往往不等于增值额（毛利额）×税率，而是取决于管理手段和管理水平。

第一，经济行为应取得专用发票，由于疏忽或价格原因，而未取得；或取得“假票”或“认证不通过”的发票。

【案例】向钢材供应商采购钢材，对方向房地产企业开具的是增值税普通发票或其他发票。

第二，取得专用发票后，未及时（180 天内）到税务局认证，使得进项税额作废。

【案例】2016 年 5 月 1 日向钢材供应商采购钢材，对方于 2016 年 5 月 1 日开具发票，但物资供应人员“压票”，若未在 2016 年 11 月 1 日前传递至财务人员去税局认证，则此票不得作为进项税额！

增值税专用发票逾期抵扣的处理

国家税务总局公告 2011 年第 50 号（节选）

对增值税一般纳税人发生真实交易但由于客观原因造成增值税扣税凭证逾期的，经主管税务机关审核、逐级上报，由国家税务总局认证、稽核比对后，对比对相符的增值税扣税凭证，允许纳税人继续抵扣其进项税额。

规范专用发票管理

“善意取得”——补税但不涉及刑事责任

【案例】 向钢材供应商采购钢材100吨，对方开具增值税专用发票，但建筑企业自始至终不知道销售方提供的专用发票是以非法手段获得的，即建筑企业不知情，取得发票后作为进项税额抵扣了，被税局查出后也必须补交税款!

非“善意取得”：补税且涉及刑事责任

【案例】 实际向钢材供应商采购钢材100吨，建筑企业要求对方开具120吨增值税专用发票。

这属于明知虚开而取得，取得发票后作为进项税额抵扣，被税局查出后除必须补交税款外，还要移送司法机关。

第 8 讲

建筑企业“营改增”对策与税收筹划

采购部如何应对“营改增”

一、控制采购价格

1. 材料报价 =（成本 + 利润）×（1 + 17%）

2. 简易计税下的材料报价 =（成本 + 利润）×（1 + 3%）

3. 工程造价 = 税前工程造价 ×（1 + 11%）

=（人工费 + 材料费 + 施工机具使用费 + 企业管理费 + 规费 + 利润）×（1 + 11%）

《住房城乡建设部办公厅关于做好建筑业营改增建设工程计价依据调整准备工作的通知》（建办标［2016］4 号）

4. EPC 总承包合同及其报价

EPC 总承包合同，即一种集设计、采购、施工于一体的总承包合同，包括设计、设备采购、施工、安装和调试，直至竣工移交等服务和施工过程。

采购部如何应对“营改增”

EPC 建筑工程报价 =（不含增值税的设计费用 + 不含增值税的设备费用 + 不含增值税的安装费用 + 合理利润）+ 不含增值税的设计费用 ×6% + 不含增值税的设备费用 ×11% + 不含增值税的安装费用 ×11%

【最新政策】

北京市住房和城乡建设委员会关于印发《关于建筑业营业税改征增值税调整北京市建设工程计价依据的实施意见》的通知

京建发［2016］116 号　2016. 4. 6

关于实施建筑业营业税改增值税调整本市建设工程计价依据的通知

沪建市管［2016］42 号　2016. 4. 15

二、确认各类采购业务计税规则

结合供应商缴纳增值税的业务类型制定计税规则。即针对各类货物、服务、无形资产、不动产分析其相应税率及进项税抵扣规则，并在招标及合同签订等环节明确供应商提供的发票类型，确保企业取得有效增值税抵扣凭证以实现后期进项税额的充分抵扣。

三、索取合法发票

鉴于建筑企业以往的业务操作不规范，需要引导业务和财务走上规范化道路。

尤其是合同签订后，严格按照合同节点履行合同条款，适时付款并获取增值税进项发票，实现进项税额抵扣制度。

四、如何面对“甲供材”

由于甲方、乙方争夺采购权，由“乙供材”、“甲控材”等模式转向“甲供材”、“甲供工程”，建筑企业必须正确面对，并通过价格、服务等方面的优势拿到采购权。

法务合约部如何应对“营改增”

一、老项目（合同）处理问题

尽快梳理未履行完合同，进行合同价格磋商和合同后续管理。

老项目：（1）《建筑工程施工许可证》注明的合同开工日期在2016年4月30日前的建筑工程项目；（2）未取得《建筑工程施工许可证》的，建筑工程承包合同注明的开工日期在2016年4月30日前的建筑工程项目。

二、控制发票开具环节的法律风险

虚开增值税专用发票，是指没有交易行为，虚开增值税专用发票，帮助取票方逃税。这种行为触犯了《刑法》，后果严重。提醒纳税人注意的是：虚开增值税专用发票，也包括虽有实际经营行为，但受票人不是实际承受人的情况。

《刑法》第二百零五条第1款规定：虚开增值税专用发票最高刑为无期徒刑。

三流不统一的五种虚开发票情形

1. 材料采购中资金流不一致的虚开情形

建筑企业在采购建筑材料过程中，材料供应商将材料直接发至建筑企业，并开具增值税专用发票给建筑企业。但是，建筑企业由于资金缺乏而不能直接付款，便由发包方将材料价款直接支付给材料供应商。

【引申】此问题的处理技巧是，采取委托付款，或者通过融资方式偿还货款，形成三流统一。

2. 材料采购中实物流不一致的虚开情形

建筑企业在材料采购过程中，供应商很多时候从经济角度出发，会选

三流不统一的五种虚开发票情形

择从第三方直接发货，这就造成实物流的不一致性，涉嫌虚开增值税专用发票。

【引申】解决方法：供应商需要提供材料采购合同或交易过程等资料以证明从第三方发货的正当性。

3. 挂靠行为中的虚开情形

税法并不禁止挂靠行为。以被挂靠人名义对外经营并由被挂靠人承担责任的，被挂靠人为纳税义务人。反之，挂靠人为纳税义务人。但是，建筑业务挂靠，被挂靠方开具增值税专用发票时，票据流、资金流指向被挂靠方，但是物流（服务流）指向挂靠方。三流不一致，导致虚开增值税专用发票现象，给各方造成巨大的风险和损失。

【引申】处理思路：变挂靠为分包，实现业务模式的合理转化。但这种转化的前提条件是挂靠方有建筑工程资质。

4. 以分包为名的虚开情形

符合建筑法律规定的分包行为不会导致虚开增值税专用发票行为。但是，违反建筑法律规定的分包行为往往只是分包的名义，实际上与挂靠行为别无二致。因此，以分包为名没有分包实质的业务也会导致虚开增值税专用发票。

5. 虚列成本的虚开情形

营业税制度下，挂靠方、分包方往往以虚开营业税发票的形式，虚增成本以逃避缴纳企业所得税。

“营改增”之后，虽然虚开发票、虚列成本问题就成为一种税收隐患，涉嫌虚开增值税专用发票。

建筑企业税收筹划思路与方法

一、减少联营合作项目

在施工企业内部，联营合作项目普遍存在，联营合作方大部分不是合法的正规企业，且部分合作方是自然人，没有健全的会计核算体系，采购的材料、分包工程、租赁的机械设备和设施料基本没有正式的税务发票，也没有索取发票的意识。如果联营合作项目在采购、租赁等环节不能取得足够的增值税专用发票，可抵扣的税款较少，最终缴纳的税款就较多，工程实际税负有可能达到6% ~11%，超过总包方的管理费率，甚至超过项目的利润率，总包方和联营合作方都将无利可取。

二、杜绝挂靠工程或挂靠项目

许多被挂靠企业以收取的管理费确认收入按“服务业”税目缴纳营业税。营改增后，适用11%的税率，因为没有进项税额，无法进行抵扣，相比营业税3%的税率，增加了建筑企业的成本。

此外，许多挂靠单位购买材料不要发票，材料采购价格较低。“营改增”后若不开具增值税专用发票，被挂靠单位就不能获得税款抵扣，税负就会显著提高。

三、尽量订立包料合同

施工单位在接受工程的同时，要尽量避免签订“清包工”合同，而要与对方签订包工包料合同。签订包料合同意味着企业可以自行选择供应商或者材料自给，企业可以尽可能的取得增值税专用发票，进行进项税额抵扣。否则，企业签订以“甲方供料”方式的合同，施工企业就很难取得增值税专用发票，从而实现税款抵扣。

四、优化配置固定资产、不动产的结构比例

在“营改增”后，建筑企业尽可能多购置机械设备和不动产，减少机械和房产的租赁比例，以增加进项税额抵扣力度。

建筑企业税收筹划思路与方法

五、加强对指定分包的管理

“营改增”后，对于工程施工中常见的业主指定分包商或“甲供材”情况应尽量避免，或者在不可避免的情况下，由合约部对总施工合同进行补充，约定甲方提供“甲供材”需由甲方、总承包方和施工单位签订三方协议，并约定供应商将相应的增值税专用发票开具给总承包单位，因发票未能提供造成的税负增加由甲方承担，避免出现税负转嫁。

六、收入时间的确认

收入确认的越晚，纳税义务就发生的越晚。建筑企业按照《建造合同》确认收入，确认收入金额通常与甲方验工计价以及实际支付工程款有差异，加之工程竣工结算普遍滞后、质保金回收时间较长且具不确定性，为避免垫资缴税，影响现金流，建议建筑企业应以收到业主支付工程款日为增值税开票和纳税义务发生日。

七、固定资产购置的税收筹划

“营改增”后，购进固定资产的进项税额允许抵扣。一般来说，建筑企业在出现大量销项税额时购入，这样在固定资产购进过程中就可以实现进项税额的全额抵扣。否则，若在一段时期内，购进固定资产的进项税额大于该时期的销项税额，则购进固定资产就会出现一部分进项税额不能及时实现抵扣的现象，从而出现进项税额留抵情况。因此，建筑企业必须对固定资产投资做出财务预算，合理规划固定资产的购置时间。

第 9 讲

房地产企业“营改增”对策与税收筹划

房地产“营改增”对策

一、“营改增”税负测算工作

按照“营改增”新政，房地产企业测算未来新项目的税负情况，做好进项税额的抵扣管理。

“营改增”框架下开发项目税负测算案例

（一）基本情况

1. 基本概况

北大隆盛房地产开发有限公司（以下简称“北大隆盛”）于 2014 年 6 月份获取北坪 G8 地块，土地出让价款 63 514 万元，建筑总面积152 541.51 平方米。折合楼面价 4 164 元/平方米。该地块占地面积69 337.05平方米（约合 104 亩），折合 610.71 万/亩。

房地产“营改增”对策

2. 施工证获取及资金已支付情况

北大隆盛 G8 地块总建设面积 193 326 平方米，共分 2 个标段，其中第一标段为中建公司，于 2016 年 1 月 14 日取得《建筑工程施工许可证》，建设规模 104 324 平方米；第二标段施工方为华盛建设，于 2016 年 1 月 26 日取得《建筑工程施工许可证》，建设规模 89 002 平方米。

北大隆盛自 1 月份开工至 2016 年 3 月底，工程款只有少量支付，主要是土石方的款项支付和前期桩基款项支付，金额合计约 1 000 万元，约占项目建安成本及其他前期配套费用总金额 5.7 亿元的 2%。

因为项目是刚开工，因此项目选择简易征税方法还是一般计税方法，存在较大的弹性，需要根据政策规定，进行测算并选择合适的增值税计税方法。

（二）“营改增”税负测算适用的政策

1. 项目的销售时点对应的纳税政策

根据项目的开发进度，预计在 2016 年 4 月 30 日左右取得《预售许可证》，在 2016 年 6 月份正式开始销售。根据营改增的实施规定，将从 2016 年 5 月 1 日起正式实施。因此北大隆盛 G8 项目的商品销售只产生增值税的纳税义务，不产生营业税的纳税义务。

2. 取得《建筑工程施工许可证》的时间对应的增值税纳税方法

根据国家税务总局 2016 年公告第 18 号文件第八条规定如下：

第八条　一般纳税人销售自行开发的房地产老项目，可以选择适用简易计税方法按照 5% 的征收率计税。一经选择简易计税方法计税的，36 个月内不得变更为一般计税方法计税。

房地产老项目，是指：

（一）《建筑工程施工许可证》注明的合同开工日期在 2016 年 4 月 30 日前的房地产项目；

（二）《建筑工程施工许可证》未注明合同开工日期或者未取得《施工许可证》但建筑工程承包合同注明的开工日期在 2016 年 4 月 30 日前的建筑工程项目。

通过上述规定结合 G8 项目的获取施工证进度可以看出，G8 项目可以选择简易计税方法，也可以选择一般计税方法。

房地产“营改增”对策

若选择简易计税方法，则应纳税额 = 含税销售额 ÷（1 +5%）×5%

若选择一般计税方法，则应纳税额 = 销项税额 – 进项税额

销项税额 =（全部价款和价外费用 – 当期允许扣除的土地价款）÷（1 + 11%）×11%

进项税额 = 含税价款 ÷（1 + 征收率）× 征收率

（三）“营改增”税负测算方案

1. 原营业税方案下缴纳营业税金测算

根据2016年4月28日测算的数据，G8项目货值为136 185万元，按照原营业税计税方法，则应纳营业税为：

136 185 ×5% =6 809. 25（万元）

原营业税征收方式下，税负率为5%。

2. “营改增”后按照简易计税方法测算税负

按照简易计税方法，适用的征收率为5%，根据国税局2016第18号文件规定：销售额 = 含税销售额 ÷（1 + 税率）

应纳税额 = 销售额 × 税率

G8项目销售额 =136 185 ÷（1 +5%）=129 700（万元）

应纳税额 =129 700 ×5% =6 485（万元）

“营改增”后，按照简易计税方法测算：

增值税税负率 = 应纳税额 ÷ 含税销售额 =6 485 ÷136 185 =4. 76%

3. “营改增”后按照一般计税方法测算税负

按照一般计税方法测算，则适用11%的税率，则有：

应纳税额 = 销项税额 – 进项税额

（1）销项税额的计算：

G8项目销售额 =（G8项目货值136 185万元 – 支付的土地款63 514万元）÷（1 +11%）=72 671 ÷（1 +11%）=65 469. 37（万元）

销项税额 =65 469. 37 ×11% =7 201. 63（万元）

（2）进项税额的计算：

进项税额 = 建安及其他前期配套等可抵扣项目合计54 208万元 ÷（1 + 11%）×11% =5 372（万元）。

具体可抵扣项目合计54 208万元构成如下：

房地产“营改增”对策

增值税进项税可抵扣项目统计表 单位：万元

项目	大纲成本金额	不考虑土地成本的支出合计	备　注
合计	125 305	54 208	
对应进项税额		5 372	按照可抵扣项目11%匡算
A. 土地成本	67 987		
A.1 土地出让金	63 514		土地成本在销售额中已减除
A.2 其他土地相关费用	4 473		其他土地费用无法抵扣
B. 前期费用	4 534	4 534	
C. 市政基础设施	3 897	3 897	
D. 建安成本	44 138	44 138	
D.1 主体工程	31 908	31 908	
D.2 其他工程	12 230	12 230	
E. 配套设施	3 205	3 205	
H. 不可预见费	1 544	1 544	
剔除项目：已支付款项		-1 000	此部分金额春节前已支付并取得营业税发票，无法抵扣
报批报建费用		-2 110	缴纳给政府部门报批报建费用，无法抵扣

（3）应纳税额的计算：

应纳税额 = 销项税额 - 进项税额 = 7 201.63 - 5 372 = 1 829.63（万元）

增值税税负率 = 应纳税额/含税销售额 = 1 829.63/136 185 = 1.34%

（四）“营改增”后纳税方案的选择

1. 不同的计税方法下的税负率对比分析

根据以上测算，不同计税方法下税负率情况如下：

房地产“营改增”对策

项目	营业税	增值税	
		简易征收	一般计税方法
含税销售额	136 185	136 185	136 185
不含税收入	136 185	129 700	128 983
税金	6 809.25	6 485.00	1 829.63
增值税税负率（含税）	5.00%	4.76%	1.34%
增值税税负率（不含税）	5.00%	5.00%	1.42%

通过以上方案可以看出，“营改增”之后，企业的税负有所减轻，如果采用增值税一般计税方法，抵扣项目能够如期全部取得，税负率较营业税税制下降低3.6%。

2. 简易计税方法和一般计税方法税负临界点的分析

由于G8项目的开盘日期是在2016年5月1日之后，因此只涉及增值税，需根据测算，确定选用简易计税方法还是一般计税方法。

按照简易计税方法，应纳税额为6 485万元。

采用一般计税方法，假设没有任何进项抵扣项目。根据国家税务总局2016年18号文件的规定，可以抵扣土地价款，则扣除土地价款后对应的销项税额为：

G8项目销项税额 =（G8项目货值136 185万元 - 支付的土地款63 514万元）÷（1 +11%）×11% =7 201.63（万元）

即不考虑任何抵扣项目的情况下，采用一般计税方法只比采用简易计税方法多缴纳税款716.63（7 201.63万元 -6 485万元）万元。

按照这个方法，只要和供应商签订的合同中含税金额大于7 231万元，即：716.63/11% ×（1 +11%），则采用一般计税方法就比采用简易计税方法税负低。

因此，采用一般计税方法比简易计税方法税负降低的临界点是合同中的含税金额大于7 231万元（适用税率为11%）。

（五）管理建议

综上所述，结合G8项目的现状，第一，土地成本占总货值比重较高，

房地产“营改增”对策

G8项目的土地成本63 514万元占总货值136 185万元的47%；第二，G8项目开工时间较短，项目工程支出累计约1 000万元，占建安成本及前期费用等预计总支出57 318万元的2%，后期有大量进项税票取得的空间，因此结合上述测算，建议采用一般计税方法缴纳增值税，同时做好以下工作：

1. 总包单位须提供符合要求的增值税专用发票。

2. 后期进行洽谈合作的单位，目标价格为含税价，且须提供符合要求的增值税专用发票。

（六）测算方案的不足之处

1. 以上只是理论测算，考虑到总包合同目前在签订过程中，“营改增”之后是否造成建筑行业的税负上升，进而对方将此部分的成本转嫁到房地产行业，目前还需要进一步的沟通才能最终确定。如果总包未能按照要求提供符合要求的增值税专用发票（发票上注明税率为11%），则可能导致企业额外多缴纳税款约3 162万元。

2. 在进项税额的测算过程中，前期费用部分适用的抵扣税率为6%，本报告在测算时未进行具体区分，可能造成抵扣进项税额的增加。同时管理费用中的会议费、销售费用中的广告费、代理费等，可以按照6%的适用税率抵扣进项税额，本方案在进行测算时未进行细分，可能造成计算的能抵抗的进项税额的减少。以上因素有增加有减，本方案匡算时，未进行细致考虑。

二、“营改增”新政落实工作

落实纳税人、纳税地点、发票认证、会计核算要求等系列工作要点。

三、和具备正规资质的企业合作

尽可能取得可抵扣的增值税专用发票，这就要求房地产企业和正规的供应商和建筑公司合作。未来合作方是否具有增值税一般纳税人资格，其相应的扣减税率是多少，将成为合作前考察的重点。

房地产“营改增”对策

四、做好增值税专用发票收集和纳税申报的时间控制

企业要在税务机关规定的纳税申报期限内，做好进项税额和销项税额的会计核算和税款抵扣工作。当存在异地开发项目的，企业必须在项目所在地预缴税款，必须注意保管好完税凭证。

企业要及时将所有在异地项目当期发生的增值税税票的原件收集齐全，在申报当期增值税时一并提交税务机关申请抵扣。

房地产企业税收筹划思路与方法

一、房地产项目公司的组织架构选择

在某一地区，将一些项目公司设置为分公司，选择总机构汇总缴纳增值税，可以合理控制税负。原因是增值税采取税款抵扣制，但进项税额和销项税额并未有明确的对应关系。不同增值率、不同生命周期阶段的项目组合在一起汇总缴纳增值税，可以获得税款抵扣方面的好处。

【政策依据】财税［2016］36 号规定，总机构和分支机构不在同一县市的，应当分别向各自所在地的主管税务机关申报纳税，经批准，可以由总机构汇总向总机构所在地税务机关申报纳税。

二、提高精装修房的建造和销售比例

精装修从两个角度影响税负：一是精装修涉及诸多材料、设备和动力采购，产生大量进项税额抵扣；二是通过精装修可以整体拉低项目的增值率，有效控制土地增值税负担。

【分析】增加对精装修房的建造和销售，有利于获取更多的固定资产和物料的增值税专用发票予以抵扣进项税额。

房地产企业税收筹划思路与方法

三、利用“甲供材”提高进项税额抵扣比例

房地产企业在签订建安工程、装潢工作合同时，尽量采用“甲供材”方式，尤其是税率为17%的货物。这样，可以一般纳税人购买货物的税率是17%，建筑业的税率是11%，在政策允许的情况下，利用不同税率差，降低房地产企业的增值税负担。

【案例分析】假设施工合同总值为3330万元（乙方提供材料），现改为施工合同2220万元、甲供材合同1110万元。

解析：原合同进项税额为：

3330÷(1+11%)×11%=330（万元）

修改后合同的进项税额为：

2220÷(1+11%)×11%+1110÷(1+17%)×17%=381（万元）

比较发现，修改后合同增加可抵扣进项税额为：

381-330=51（万元）

【筹划技巧】如果采取工程全包方式，进项税率11%，如果主要工程材料采取“甲供材”方式，则甲方提供的材料进项税率为17%。

四、房产租赁转化为仓储业务

仓储业务属于物流辅助业务，纳入现代服务业，适用6%的税率，明显低于不动产租赁11%的税率。因此，通过把租赁业务转化为仓储业务，可以控制增值税税负。

【提示】这个业务转化是有前提条件的，即承租人租赁房产的目的是用来堆放或储存物品，且出租人在仓储合同下必须承担货物的保管责任，发生损失要承担赔偿责任，这存在一定的经营风险。

五、房产租赁转化为仓储业务

仓储业务属于物流辅助业务，纳入现代服务业，适用6%的税率，明显低于不动产租赁11%的税率。因此，通过把租赁业务转化为仓储业务，可以控制增值税税负。

房地产企业税收筹划思路与方法

【提示】这个业务转化是有前提条件的，即承租人租赁房产的目的是用来堆放或储存物品；且出租人在仓储合同下必须承担货物的保管责任，发生损失要承担赔偿责任，这存在一定的经营风险。

六、房地产新、老项目不同计税方法的选择

1. “营改增”前已经开发完毕的楼盘项目，若未销售完毕，“营改增”后继续销售，由于无法抵扣进项税额，一般选择简易计税方法比较合适。

2. “营改增”前，房地产企业已经进行项目的立项、报建、审批和规划等法律手续，且已经与建筑企业签订了建筑施工总承包合同，并办理《建筑工程施工许可证》，工程已经动工，“营改增”后，继续开发的项目，一定是老项目，增值税计税方法的选择应分两种情况：

一是如果已经开发的项目在整个开发项目中所占比例很小，成本发票还没有收到，且存在大量成本发票可以抵扣增值税，则建议选择一般计税方法，按照11%的税率计算增值税。

二是如果已经开发的项目在整个开发项目中所占的比例较大，且已经收到了大部分成本发票（增值税普通发票和建筑业营业税发票），能抵扣的增值税进项税额较少，则建议选择简易计税方法。

七、小规模纳税人与一般纳税人税负均衡点测算

1. 税负无差别平衡点（不含税销售额）测算

假定纳税人的不含税增值率为R，不含税销售额为S，不含税的可抵扣购进金额为P，一般纳税人适用的增值税率为T_1，小规模纳税人适用的征收率为T_2，则$R=(S-P)\div S$。

$$
\begin{aligned}
\text{一般纳税人应纳增值税额} &= \text{销项税额}-\text{进项税额}\\
&= S\times T_1 - P\times T_1\\
&= S\times T_1 - S\times(1-R)\times T_1\\
&= S\times T_1\times[1-(1-R)]\\
&= S\times T_1\times R
\end{aligned}
$$

小规模纳税人应纳增值税额$=S\times T_2$

房地产企业税收筹划思路与方法

当两者税负相等时，其增值率则为无差别平衡点增值率（不含税销售额）。因此，销售额不含税下无差别平衡点增值率 $R^* = T_2 \div T_1$

房地产“营改增”对策

税负无差别平衡点的增值率（不含税销售额）

一般纳税人税率（T_1）	小规模纳税人征收率（T_2）	无差别平衡点增值率（R^*）
17%	3%	17.65%
13%	3%	23.08%
11%	3%	27.27%
6%	3%	50%

小规模纳税人与一般纳税人的税负均衡点（含税销售额）测算

2. 税负无差别平衡点（含税销售额）测算

假定纳税人的增值率为 R，含税销售额为 S，含税的可抵扣购进金额为 P，一般纳税人适用的增值税率为 T_1，小规模纳税人适用的征收率为 T_2，则 $R = (S - P) \div S$

无差别平衡点的增值率 $R^* = T_2 \times (1 + T_1) / [T_1 \times (1 + T_2)]$

请读者借鉴小规模纳税人与一般纳税人的税负均衡点（不含税销售额）的推导方法，自行推导上述公式。

税负无差别平衡点的增值率（含税销售额）

一般纳税人税率（T_1）	小规模纳税人征收率（T_2）	无差别平衡点增值率（R^*）
17%	3%	20.05%
13%	3%	25.32%
11%	3%	29.39%
6%	3%	51.46%

第 10 讲

增值税会计科目及账务处理

一、“应交税费”科目的设置

按照一般纳税人的会计处理核算。

在“应交税费”下设置 8 个二级科目：“应交增值税”、“未交增值税”、“预缴增值税”、“待认证进项税额”、“待转销项税额”、“增值税留抵税额”、“增值税检查调整”、“待抵扣进项税额”。在“应交增值税”下设置 11 个三级科目。

具体会计科目如下：

1. 应交税费——应交增值税（进项税额）
（销项税额）
（减免税款）
（出口退税）
（已交税金）
（进项税额转出）
（转出未交增值税）
（转出多交增值税）
（出口抵减内销产品应纳税额）
（销项税额抵减）
（简易计税）

一、“应交税费”科目的设置

2. 应交税费——待抵扣进项税额
3. 应交税费——未交增值税
4. 应交税费——增值税留抵税额
5. 应交税费——增值税检查调整
6. 应交税费——待转销项税额
7. 应交税费——预缴增值税
8. 应交税费——待认证进项税额

二、“应交税费”科目对照表

借方	核算内容	贷方	核算内容
应交税费—应交增值税（进项税额）	购进商品、劳务或服务时支付的准予从销项税额中抵扣进项税额	应交税费—应交增值税（销项税额）	取得营业收入时应收取的增值税额
应交税费—应交增值税（减免税款）	用于记录该企业按规定抵减的增值税应纳税额，包括首次购买税控装置支付的费用以及缴纳的技术维护费	应交税费—应交增值税（进项税额转出）	已抵扣进项税额的购进商品或服务用于免税项目、个人消费或集体福利、发生非正常损失等情况时，核算转出的进项税额
应交税费—应交增值税（转出未交增值税）	记录期末转出应交未交的增值税税额	应交税费—应交增值税（转出多交增值税）	记录期末转出多交的增值税税额
应交税费—应交增值税（出口抵减内销产品应纳税额）	反映免抵退出口产品按规定计算的应免抵的税额	应交税费—应交增值税（出口退税）	符合出口退税企业出口申报的增值税税额

二、"应交税费"科目对照表

借方	核算内容	贷方	核算内容
应交税费—应交增值税（已交税金）	纳税期（本季度）实际已经预缴的增值税税额		
应交税费—未交增值税	1. 下期实际缴纳上期未缴的增值税税额； 2. 记录期末转出多交的增值税税额	应交税费—未交增值税	核算期末转入的应交未交增值税额
应交税费—待抵扣进项税额	核算按税法规定不符合抵扣条件，暂不予在本期申报抵扣的进项税额	应交税费—待抵扣进项税额	暂不予抵扣在以后期实际允许抵扣时的进项税额
应交税费—增值税留抵税额	待以后期间允许抵扣的留抵税额	应交税费—增值税留抵税额	记录从事兼营业务的营改增试点一般纳税人试点当月不得从试点应税服务中抵扣的进项税额
应交税费——增值税检查调整	增值税检查后应调减账面进项税额或调增销项税额和进项税额转出的数额	应交税费——增值税检查调整	增值税检查后应调增账面进项税额或调减销项税额和进项税额转出的数额，应借记本科目，贷记有关科目

三、增值税相关账务处理

1. "应交税费—应交增值税（进项税额）"的核算

企业采购物资、接受服务等，按取得的增值税专用发票可抵扣的增值

三、增值税相关账务处理

税额，借记“应交税费—应交增值税（进项税额）”。

【案例1】企业购进办公用品，取得增值税专用发票，注明价款3000元，增值税额为510元。

借：管理费用　3000
　　应交税费—应交增值税（进项税额）　510
　　贷：银行存款　3510

【案例2】直接购进用于免税项目、个人消费或集体服务等的商品或服务，支付价款取得发票时，按照支付的价款全额计入有关成本或费用科目，不能计入“应交税费—应交增值税（进项税额）”。

企业购进一批用于职工福利的电视，取得专用发票注明价款50万元，增值税税额8.5万元。

借：应付职工薪酬—职工福利费　585000
　　贷：银行存款　585000

2. 应交税费—应交增值税（销项税额）的核算

【案例3】房屋出租收入

企业取得房屋租赁费1050，该房屋是企业2016年4月30日前取得（选择简易计税办法）。

借：银行存款　1050
　　贷：其他业务收入　1000
　　　　应交税费—应交增值税（销项税额）　50

【案例4】视同销售收入

向其他单位或者个人无偿提供服务、无偿转让无形资产或者不动产，视同销售服务，但用于公益事业或者以社会公众为对象的除外。

以不动产投资入股、以不动产抵债、公司购买汽车分配给股东等，在增值税上按照“视同销售”，以企业同类同期售价为销售额缴纳增值税。

3. “应交税费—应交增值税（减免税款）”的核算

按抵减的增值税应纳税额，借记“应交税费—应交增值税（减免税款）”。

首次购买税控装置和支付技术维护费

一般纳税人首次购入增值税税控系统专用设备，按实际支付或应付的金额，借记“固定资产”科目，贷记“银行存款”科目。按规定抵减的增

三、增值税相关账务处理

值税应纳税额，借记“应交税费—应交增值税（减免税款）”科目，贷记“递延收益”科目。按期计提折旧，借记“管理费用”等科目，贷记“累计折旧”科目；同时，借记“递延收益”科目，贷记“管理费用”等科目。

一般纳税人发生技术维护费，按实际支付或应付的金额，借记“管理费用”等科目，贷记“存放同业款项”等科目。按规定抵减的增值税应纳税额，借记“应交税费—应交增值税（减免税款）”科目，贷记“管理费用”等科目。

【案例 5】2016 年 5 月，企业首次购入增值税税控系统设备，支付价款 5400 元，同时支付当年增值税税控系统专用设备技术维护费 500 元。当月两项合计抵减当月增值税应纳税额 5900 元。

（1）首次购入增值税税控系统专用设备并支付防伪税控系统专用设备技术维护费：

借：固定资产—税控设备	5400	
管理费用	500	
贷：银行存款		5900

（2）抵减当月增值税应纳税额：

借：应交税费—应交增值税（减免税款）	5900	
贷：管理费用		500
递延收益		5400

（3）每月计提折旧时（假设按 3 年折旧，无残值）：

借：管理费用	150	
贷：累计折旧		150
借：递延收益	150	
贷：管理费用		150

4.“应交税费—应交增值税（已交税金）”的核算

企业缴纳当季度税金时，借记“应交税费—应交增值税（已交税金）”。注意：本季度上缴上季度应交未交的增值税时，在“应交税费—未交增值税”科目中核算。

【案例 6】当月预缴增值税 10000 元。

三、增值税相关账务处理

借：应交税费—应交增值税（已交税金）　　10000

　　贷：银行存款　　10000

5.“应交税费—应交增值税（进项税额转出）”核算

将已抵扣进项税额的购进商品或服务用于免税项目、个人消费或集体福利、发生非正常损失等情况时，进项税额不应从销项税额中抵扣。应将已计入进项税额进行转出处理，即贷记“应交税费—应交增值税（进项税额转出）”。

【案例7】2016年5月，企业向一般纳税人购进一批办公用品，支付收购价3万元，支付运费0.5万元，取得合法票据。月底将购进该批办公用品的20%发放给员工当福利。

借：应付职工薪酬—应付福利费　　1130

　　贷：应交税费—应交增值税（进项税额转出）　　1130

注：$(30000\times17\%+5000\times11\%)\times20\%=1130$（元）

6.“应交税费—应交增值税（转出未交增值税）”核算

记录企业月末转出应交未交的增值税，借记“应交税费—应交增值税（转出未交增值税）”。

【案例8】企业在某月末增值税账户贷方的销项税额为30000元，借方的进项税额为17000元（假设已经全部经过税务机关认证）。

月末会计处理如下：

借：应交税费—应交增值税（转出未交增值税）　　13000

　　贷：应交税费—未交增值税　　13000

7.“应交税费—应交增值税（转出多交增值税）”核算

记录月末转出多交的增值税，贷记“应交税费—应交增值税（转出多交增值税）”。

【案例9】2016年5月企业增值税账户贷方的销项税额为10000元，借方的进项税为8000元，已交税金为7000元。

月末进行会计处理如下：

借：应交税费—未交增值税　　5000

　　贷：应交税费—应交增值税（转出多交增值税）　　5000

四、"应交税费—待抵扣进项税额"

核算企业按税法规定不符合抵扣条件，暂不予在本期申报抵扣的进项税额，借记"应交税费—待抵扣进项税额"。

增值税一般纳税人 2016 年 5 月 1 日后取得并在会计制度上按固定资产核算的不动产，以及 2016 年 5 月 1 日后发生的不动产在建工程，其进项税额应分 2 年从销项税额中抵扣，第一年抵扣比例为 60%，第二年抵扣比例为 40%。

纳税人 2016 年 5 月 1 日后购进货物和设计服务、建筑服务，用于新建不动产，或者用于改建、扩建、修缮、装饰不动产并增加不动产原值超过 50% 的，其进项税额按规定分 2 年从销项税额中抵扣。

上述进项税额中，60% 的部分于取得扣税凭证的当期从销项税额中抵扣；40% 的部分为待抵扣进项税额，于取得扣税凭证的当月起第 13 个月从销项税额中抵扣。

购进时已全额抵扣进项税额的货物和服务，转用于不动产在建工程的，其已抵扣进项税额的 40% 部分，应于转用的当期从进项税额中扣减，计入待抵扣进项税额，并于转用的当月起第 13 个月从销项税额中抵扣。

待抵扣进项税额记入"应交税金—待抵扣进项税额"科目核算，并于可抵扣当期转入"应交税金—应交增值税（进项税额）"科目。

对不同的不动产和不动产在建工程，纳税人应分别核算其待抵扣进项税额。

【案例 10】购进不动产。

2016 年 5 月 1 日，企业购进办公楼一栋，取得增值税专用发票价款 3000 万元，增值税额 330 万元。

（1）购入时：

借：固定资产	30000000	
应交税费—应交增值税（进项税额）	1980000	
应交税费—待抵扣进项税额	1320000	
贷：银行存款		33300000

（2）第 13 个月允许抵扣时：

借：应交税费—应交增值税（进项税额）	1320000	
贷：应交税费—待抵扣进项税额		1320000

五、“应交税费—未交增值税”

1. 核算月末转入的应交未交增值税额，贷记“应交税费—未交增值税”。

借：应交税费—应交增值税（转出未交增值税）

　　贷：应交增值税—未交增值税

2. 实际缴纳增值税时，借记“应交增值税—未交增值税”，贷记“银行存款”等科目。

借：应交增值税—未交增值税

　　贷：银行存款

3. 记录月末转出多交的增值税，借记“应交税费—未交增值税”。

借：应交税费—未交增值税

　　贷：应交税费—应交增值税（转出多交增值税）

4. 若期末“应交税费—未交增值税”科目的期末借方余额，反映多交的增值税；贷方余额，反映未交的增值税。下期缴纳本月应交未交的增值税，借记“应交税费—未交增值税”科目，贷记“银行存款”科目。下期收到退回多交增值税税款时，借记“银行存款”科目，贷记“应交税费—未交增值税”科目。

六、“应交税费—增值税留抵税额”

营改增试点地区兼有应税服务的原增值税一般纳税人，截至开始试点当月月初的增值税留抵税额按照营业税改征增值税有关规定不得从应税服务的销项税额中抵扣的，应在“应交税费”科目下增设“增值税留抵税额”明细科目。

开始试点当月月初，企业应按不得从应税服务的销项税额中抵扣的增值税留抵税额，借记“应交税费—增值税留抵税额”科目，贷记“应交税费—应交增值税（进项税额转出）”科目。待以后期间允许抵扣时，按允许抵扣的金额，借记“应交税费—应交增值税（进项税额）”科目，贷记“应交税费—增值税留抵税额”科目。

“应交税费—增值税留抵税额”科目期末在资产负债表中的“其他流动资产”项目列示。

七、"应交税费—增值税检查调整"

增值税一般纳税人在税务机关对其增值税纳税情况进行检查后，凡涉及增值税涉税账务调整的，应设立"应交税费——增值税检查调整"专门账户。

凡检查后应调减账面进项税额或调增销项税额和进项税额转出的数额，应借记有关科目，贷记本科目；凡检查后应调增账面进项税额或调减销项税额和进项税额转出的数额，应借记本科目，贷记有关科目；全部调账事项入账后，应结出本账户的余额，并将该余额转入"应交税费——未交增值税"。本账户期末结账后无余额。

八、年终结账前增值税纳税调整

对于企业年终结账前增值税纳税调整的当期应纳增值税款，可用"应交税费——增值税检查调整"科目直接调整损益类或其他会计科目。

1. 销项税额的调整

（1）不计或少计收入的账务处理。

主要包括价外费用、未按规定冲减红票等经济事项而引起会计处理上少计或不计收入，达到少缴销项税的目的。检查发现以上行为，应按照少计的不含税收入和适用税率，算出应补缴的增值税税额，若收入属于本年，作如下会计处理：

借：银行存款（其他应付款等）

　　贷：主营业务收入

　　　　应交税费—增值税检查调整

（2）视同销售行为未计销项税的账务处理。

银行发生以不动产抵债、以不动产投资、无偿赠送应税服务等视同销售业务时，应按照同类商品或服务的正常售价或组价计税纳税，未申报应交增值税的，检查调整时作如下会计处理：

八、年终结账前增值税纳税调整

借：营业外支出（长期股权投资、应付股息等）

　　贷：应交税费—增值税检查调整

（3）税率使用错误少计销项税的账务处理。

企业作为一般纳税人，适用的增值税税率有6%、11%、17%，转让无形资产、不动产适用11%的税率、销售货物适用17%的税率。比如在销售货物时，本应按17%的税率纳税，但却选择了11%的税率，纳税检查发现后，应按照两个税率的差异计算补缴税额，并作如下会计处理：

借：应收账款（应收票据、银行存款等）

　　贷：应交税费—增值税检查调整

2. 进项税额的调整

（1）擅自扩大抵扣范围的账务调整。

按照增值税暂行条例和营改增试点办法，用于免税项目、简易计税办法、职工福利和集体福利，或者发生非正常损失的购进商品、劳务和服务等，其进项税额不得从销项税额中抵扣。若违反规定将上述进项税额抵扣，或者将购进改变用途用于以上项目、发生非正常损失，却未作进项税额转出的，作如下会计处理。

借：应付职工薪酬（待处理财产损溢等）

　　贷：应交税费—增值税检查调整

（2）根据不合法的扣税凭证进行抵扣的账务调整。

一般纳税人应将取得的增值税专用发票、海关开具的完税凭证、货物运输业专用发票、农产品收购凭证等作为扣税凭证，若一般纳税人将普通发票等非合法凭证作为依据而抵扣了进项税额，检查发现后，作如下会计处理。

借：固定资产（低值易耗品、管理费用等）

　　贷：应交税费—增值税检查调整

（3）少抵扣进项税额的账务调整。

若企业少抵扣了进项税额，则按照规定计算出少抵扣的进项税额后，作如下会计处理：

借：应交税费—增值税检查调整

　　贷：固定资产（低值易耗品、管理费用等）

九、年终结账后增值税纳税调整

对于企业年终结账后，税务机关对增值税进行纳税调整，如果涉及损益类科目的，应将查减、查增相抵后的应补增值税作如下处理：

借：相关科目

　　以前年度损益调整

　　贷：应交税费—增值税检查调整

如果涉及非损益类科目的，按照年终结账前的有关账务处理方法进行处理。

十、销售不动产纳税计算及账务处理案例[①]

（一）房地产开发企业销售其开发的房地产项目

1. 房地产企业一般纳税人销售新项目

房地产企业一般纳税人销售老项目（适用一般计税方法）

【政策规定 1】房地产开发企业中的一般纳税人销售其开发的房地产项目（选择简易计税方法的房地产老项目除外），以取得的全部价款和价外费用，扣除受让土地时向政府部门支付的土地价款后的余额为销售额。

【政策规定 2】房地产开发企业中的一般纳税人销售房地产老项目，适用一般计税方法计税的，应以取得的全部价款和价外费用，按照 3% 的预征率在不动产所在地预缴税款后，向机构所在地主管税务机关进行纳税申报。

【案例 1】甲房地产开发有限公司为一般纳税人，老项目选择适用一般计税方法计税，假设 2016 年 5 月 1 日销售其开发的商品房一套，含税销售额 111 万元，该套商品房承担的土地价款为 10 万元。该企业确认收入当月无增值税进行税额。

① 本案例由北京中经阳光税收筹划事务所的黄洁瑾老师编写，收录于此，对原作者表示谢意。

十、销售不动产纳税计算及账务处理案例

要求：（1）计算该房地产在不动产所在地预缴的增值税税额。

（2）编制预缴增值税的会计分录。

（3）计算该房地产企业开出的增值税发票上注明的金额和税额分别是多少？

（4）编制确认收入会计分录。

（5）月末增值税核算分录。

（6）计算该房地产在机关所在地申报交纳的增值税税额。

（7）如何填列纳税申报表？

解答：

（1）不动产所在地预缴的增值税 = 111/（1 + 11%）× 3% = 3（万元）

（2）预缴增值税的会计分录

借：应交税费——未交增值税　　30000

　　贷：银行存款　　30000

（3）发票中增值税税额 = 111/（1 + 11%）× 11% = 11（万元）

发票中销售额 = 111 − 11 = 100（万元）

（4）确认收入的会计分录：

选择①　借：银行存款　　1110000

　　　　　　贷：主营业务收入　　1000000

　　　　　　　　应交税费—应交增值税（销项税额）　　110000

选择②　借：银行存款　　1110000

　　　　　　贷：主营业务收入　　1009910

　　　　　　　　应交税费—应交增值税（销项税额）　　100090

（5）月末增值税核算的会计分录：

借：应交税费—应交增值税—转出未交增值税　　100090

　　贷：应交税费—未交增值税　　100090

（6）机构所在地申报交纳的增值税：

（1110000 − 100000）/（1 + 11%）× 11% − 0 − 30000 = 70090（万元）

2. 房地产企业一般纳税人销售老项目（适用简易计税方法）

【政策规定 3】房地产开发企业中的一般纳税人，销售自行开发的房地产老项目，可以选择适用简易计税方法按照 5% 的征收率计税。

十、销售不动产纳税计算及账务处理案例

【政策规定 4】 2016 年 18 号公告。

第十一条　应预缴税款按照以下公式计算：

应预缴税款 = 预收款 ÷（1 + 适用税率或征收率）× 3%

适用一般计税方法计税的，按照 11% 的适用税率计算；适用简易计税方法计税的，按照 5% 的征收率计算。

第十二条　一般纳税人应在取得预收款的次月纳税申报期向主管国税机关预缴税款。

【案例 2】 乙房地产开发有限公司为一般纳税人，老项目选择适用简易计税方法计税。假设 2016 年 5 月 1 日销售其开发的老项目中商品房一套，含税销售额 105 万元，该套商品房承担的土地价款为 5 万元。该企业确认收入当月有增值税进行税额 8 万元。

要求：（1）计算该房地产在不动产所在地预缴的增值税税额。

（2）编制预缴增值税的会计分录。

（3）计算该房地产企业开出的增值税发票上注明的金额和税额分别是多少？

（4）编制确认收入的会计分录。

（5）计算该房地产在机关所在地申报的增值税税额。

（6）纳税申报。

解答：

（1）不动产所在地预缴的增值税 = 105/（1 + 5%）× 3% = 3（万元）。

（2）预缴增值税的会计分录：

借：应交税费—未交增值税　　30000

　　贷：银行存款　　30000

（3）发票中增值税税额 = 105/（1 + 5%）× 5% = 5（万元）。

发票中销售额 = 105 − 5 = 100（万元）。

（4）确认收入的会计分录：

借：银行存款　　1050000

　　贷：主营业务收入　　1000000

　　　　应交税费—未交增值税　　50000

十、销售不动产纳税计算及账务处理案例

（5）机构所在地申报的增值税 = 105/（1 + 5%）× 5% − 3 = 2（万元）。

3. 房地产企业小规模纳税人销售自行开发的房地产项目

【政策规定5】房地产开发企业中的小规模纳税人，销售自行开发的房地产项目，按照5%的征收率计税。

【案例3】丙房地产开发有限公司为小规模纳税人，2016年5月1日销售其开发的商品房一套，含税销售额105万元，该套商品房承担的土地价款为5万元。

要求：（1）计算该房地产在不动产所在地预缴的增值税税额。

（2）编制预缴增值税的会计分录。

（3）计算该房地产企业开出的增值税发票上注明的金额和税额分别是多少？

（4）编制确认收入会计分录。

（5）计算该房地产在机关所在地申报的增值税税额。

（6）该企业能自开什么增值税发票。

解答：

（1）不动产所在地预缴的增值税 = 105/（1 + 5%）× 3% = 3（万元）。

（2）预缴增值税的会计分录：

借：应交税费—应交增值税　　30000

　　贷：银行存款　　30000

（3）发票中增值税税额 = 105/（1 + 5%）× 5% = 5（万元）。

发票中销售额 = 105 − 5 = 100（万元）。

（4）确认收入的会计分录：

借：银行存款　　1050000

　　贷：主营业务收入　　1000000

　　　　应交税费—应交增值税　　50000

（5）机构所在地申报的增值税 = 105/（1 + 5%）× 5% − 3 = 2（万元）。

4. 房地产开发企业采取预收款方式销售所开发的房地产项目

【政策规定6】2016年18号公告。

第十条　一般纳税人采取预收款方式销售自行开发的房地产项目，应在收到预收款时按照3%的预征率预缴增值税。

十、销售不动产纳税计算及账务处理案例

第十二条　一般纳税人应在取得预收款的次月纳税申报期向主管国税机关预缴税款。

增值税的预缴、申报、核算方法同【例 1】、【例 2】，只是要注意确认销售收入时才按适用税率或征收率申报。

（二）一般纳税人销售直接购买、接受捐赠、接受投资入股、抵债的不动产

1. 一般纳税人转让其 2016 年 4 月 30 日前取得（不含自建）的不动产

（1）选择适用一般计税方法。

【政策规定 7】一般纳税人转让其 2016 年 4 月 30 日前取得（不含自建）的不动产，选择适用一般计税方法计税的，以取得的全部价款和价外费用为销售额计算应纳税额。纳税人应以取得的全部价款和价外费用扣除不动产购置原价或者取得不动产时的作价后的余额，按照 5% 的预征率向不动产所在地主管地税机关预缴税款，向机构所在地主管国税机关申报纳税。

【案例 4】联合房地产为一般纳税人，2014 年 5 月 31 日购入一栋办公大楼作为固定资产，购买价 2000 万元，2016 年 5 月 31 日因企业调整战略将该栋办公大楼转让，转让价格为 2520 万元。联合房地产转让该栋办公大楼的增值税选择一般计税方法（契税 3%，折旧年限 20 年，净残值为 0，该企业没有当期进项税额）。

要求：（1）编制购入办公大楼的会计分录。

（2）编制固定资产提折旧的会计分录。

（3）预缴增值税时的会计分录。

（4）计算转让办公大楼的增值税及相关会计分录。

（5）计算转让办公大楼企业所得税及相关会计分录。

解答：（单位：万元）

（1）2014 年 5 月 31 日购入时：

契税 = 2000 × 3% = 60（万元）

借：固定资产—办公大楼　　　　20600000

　　贷：银行存款　　　　　　　　20600000

（2）2014 年 6 月 1 日—2016 年 5 月 31 日计提折旧：

累计折旧 = 2060/20 × 2 = 206（万元）

借：管理费用—固定资产折旧 2060000

贷：累计折旧 2060000

（3）预缴增值税时的账务处理：

预缴增值税税额 =（2520 -2060）/（1 +11%）×5% = 20.72（万元）

借：应交税费—未交增值税 207200

贷：银行存款 207200

（4）2016 年 5 月 31 日转让时：

a. 借：固定资产清理： 18540000

累计折旧 2060000

贷：固定资产—办公大楼 20600000

b. 转让时应缴纳的增值税销项税额：

2520/（1 +11%）×11% =249.73（万元）

借：银行存款 25200000

贷：应交税费—应交增值税（销项税额） 2497300

固定资产清理 18540000

营业外收入 4162700

借：应交税费—应交增值税（转出未交增值税） 2497300

贷：应交税费—未交增值税 2497300

c. 2016 年 6 月纳税申报期缴纳增值税：

借：应交税费—未交增值税 2290100

贷：银行存款 2290100

（5）转让办公大楼企业所得税 =416.27 ×25% = 104.07（万元）

a. 计提转让办公大楼企业所得税：

借：所得税费用 1040700

贷：应交税费—应交所得税 1040700

b. 缴纳企业所得税：

借：应交税费—应交所得税 1040700

贷：银行存款 1040700

（2）选择适用简易计税方法。

【政策规定 8】一般纳税人转让其 2016 年 4 月 30 日前取得（不含自建）的不动产，选择适用简易计税方法计税的，以取得的全部价款和价外费用扣除不动产购置原价或者取得不动产时的作价后的余额为销售额，按照 5% 的征收率计算应纳税额。纳税人应按照上述计税方法向不动产所在地主管地税机关预缴税款，向机构所在地主管国税机关申报纳税。

【案例 5】 联合房地产为一般纳税人，2014 年 5 月 31 日购入一栋办公大楼作为固定资产，购买价 2000 万元，2016 年 5 月 31 日因企业调整战略将该栋办公大楼转让，转让价格为 2520 万元。联合房地产转让该栋办公大楼的增值税选择简易计税方法（契税 3%，折旧年限 20 年，净残值为 0）。

要求：计算转让办公大楼的增值税。

解答：已知契税 = 2000 × 3% = 60（万元）

（1）转让时向不动产所在地主管地税机关预缴税款（若不动产与机构不在同一地点）：

预缴增值税应纳税额 =（2520 − 2060）/（1 + 5%）× 5% = 21.90（万元）

（2）向机构所在地主管国税机关申报纳税

申报增值税应纳税额 =（2520 − 2060）/（1 + 5%）× 5% − 21.90 = 0。

2. 一般纳税人转让其 2016 年 5 月 1 日后取得（不含自建）的不动产

【政策规定 9】 一般纳税人转让其 2016 年 5 月 1 日后取得（不含自建）的不动产，适用一般计税方法，以取得的全部价款和价外费用为销售额计算应纳税额。纳税人应以取得的全部价款和价外费用扣除不动产购置原价或者取得不动产时的作价后的余额，按照 5% 的预征率向不动产所在地主管地税机关预缴税款，向机构所在地主管国税机关申报纳税。

【案例 6】 联合房地产为一般纳税人，2016 年 5 月 31 日购入一栋办公大楼作为固定资产，购买价 2000 万元，2016 年 6 月 30 日因企业调整战略将该栋办公大楼转让，转让价格为 2520 万元（契税 3%，折旧年限 20 年，净残值为 0，该企业没有当期进项税额）。

要求：计算转让办公大楼的增值税。

解答：已知购入时契税 = 2000 × 3% = 60（万元）

（1）转让时向不动产所在地主管地税机关预缴税款（若不动产与机构不在同一地点）：

预缴增值税应纳税额 =（2520 − 2060）/（1 + 11%）× 5%
= 20.72（万元）

（2）向机构所在地主管国税机关申报纳税：

增值税应纳税额
= 当期销项税额 − 当期进项税额 − 当月预缴税额
= 2520 /（1 + 11%）× 11% − 0 − 20.72 = 229.01（万元）

3. 小规模纳税人转让其取得（不含自建）的不动产

【政策规定10】小规模纳税人转让其取得（不含自建）的不动产，以取得的全部价款和价外费用扣除不动产购置原价或者取得不动产时的作价后的余额为销售额，按照5%的征收率计算应纳税额。

【案例7】联合房地产为小规模纳税人，2016年5月1日转让一栋购入的办公大楼，购买价2000万元，转让价格为2520万元（契税3%，折旧年限20年，净残值为0）。

要求：计算转让办公大楼的增值税。

解答：

已知购入时契税＝2000×3%＝60（万元）

增值税应纳税额＝(2520－2060)/(1＋5%)×5%＝21.90（万元）

（三）一般纳税人销售自建的不动产

1. 一般纳税人转让其2016年4月30日前自建的不动产

（1）选择适用简易计税方法。

【政策规定11】一般纳税人转让其2016年4月30日前自建的不动产，可以选择适用简易计税方法计税，以取得的全部价款和价外费用为销售额，按照5%的征收率计算应纳税额。纳税人应按照上述计税方法向不动产所在地主管地税机关预缴税款，向机构所在地主管国税机关申报纳税。

【案例8】联合房地产为一般纳税人，2014年5月31日自建一栋办公大楼作为固定资产，成本2000万元，2016年5月31日因企业调整战略将该栋办公大楼转让，转让价格为2520万元。联合房地产转让该栋办公大楼的增值税选择简易计税方法（折旧年限20年，净残值为0）。

要求：计算转让办公大楼的增值税。

解答：转让时增值税销项税额＝2520/(1＋5%)×5%＝120（万元）

（2）选择适用一般计税方法。

【政策规定12】一般纳税人转让其2016年4月30日前自建的不动产，选择适用一般计税方法计税的，以取得的全部价款和价外费用为销售额计算应纳税额。纳税人应以取得的全部价款和价外费用，按照5%的预征率向不动产所在地主管地税机关预缴税款，向机构所在地主管国税机关申报纳税。

【案例9】联合房地产为一般纳税人，2014年5月31日自建一栋办公大楼作为固定资产，成本2000万元，2016年5月31日因企业调整战略将该栋办公大楼转让，转让价格为2520万元。联合房地产转让该栋办公大楼的增值税选择一般计税方法（折旧年限 20 年，净残值为 0，该企业没有当期进项税额）。

要求：计算转让办公大楼的增值税。

解答：(1) 转让时向不动产所在地主管地税机关预缴税款：

预缴增值税应纳税额 =2520/(1 +11%) ×5% =113.51（万元）

(2) 向机构所在地主管国税机关申报纳税：

申报增值税应纳税额 = 当期销项税额 - 当期进项税额 - 当月预缴税额

=2520/(1 +11%) ×11% -0 -113.51

=136.22（万元）

2. 一般纳税人转让其 2016 年 5 月 1 日后自建的不动产

【政策规定 13】 一般纳税人转让其 2016 年 5 月 1 日后自建的不动产，适用一般计税方法，以取得的全部价款和价外费用为销售额计算应纳税额。纳税人应以取得的全部价款和价外费用，按照 5% 的预征率向不动产所在地主管地税机关预缴税款，向机构所在地主管国税机关申报纳税。

【案例 10】 联合房地产为一般纳税人，2016 年 5 月 31 日自建一栋办公大楼作为固定资产，成本 2000 万元，2016 年 6 月 30 日因企业调整战略将该栋办公大楼转让，转让价格为 2520 万元（折旧年限 20 年，净残值为 0，该企业没有当期进项税额）。

要求：计算转让办公大楼的增值税。

解答：

(1) 转让时向不动产所在地主管地税机关预缴税款：

预缴增值税应纳税额 =2520/(1 +11%) ×5% =113.51（万元）

(2) 向机构所在地主管国税机关申报纳税：

申报增值税应纳税额 = 当期销项税额 - 当期进项税额 - 当月预缴税额

=2520/(1 +11%) ×11% -0 -113.51

=136.22（万元）

3. 小规模纳税人转让其自建的不动产

【政策规定 14】 小规模纳税人转让其自建的不动产，以取得的全部价款和价外费用为销售额，按照 5% 的征收率计算应纳税额。

【案例 11】 联合房地产为小规模纳税人，2016 年 5 月 1 日转让一栋自建的办公大楼，成本 2000 万元，转让价格为 2520 万元（折旧年限 20 年，净残值为 0）。

要求：计算转让办公大楼的增值税。

解答：增值税应纳税额 =2520/(1 +5%) ×5% =120（万元）

第 11 讲

“营改增”的系统性思考

“营改增”的系统性思考

1. 劳动力密集型企业税负会显著增加

机械化大生产要求纳税人购进大量设备和技术，这样就能产生大量可抵扣的进项税额。沿着这一思路，企业经营活动就会出现两种典型倾向：

（1）机械驱逐人力。能采用机器设备进行大规模生产的必然采取机械化大生产，以获取更多的进项税额抵扣。

（2）接受劳务派遣公司外供方式解决劳动力问题，能够充分获得进项税额抵扣，这也是解决人力资源不能抵扣进项税额的替代性办法。

【思考】 如何进一步控制人力成本支出占总支出的比重？

金融机构需要大量的劳动力，采取劳务派遣公司外供方式不仅可以解决劳动力供给问题，还可以获取进项税额抵扣。

一般纳税人提供劳务派遣服务，按照财税［2016］36 号文的相关规定：以取得的全部价款和价外费用为销售额，按照一般计税方法计算缴纳

“营改增”的系统性思考

增值税；也可以选择差额纳税，以取得的全部价款和价外费用，扣除代用工单位支付给劳务派遣员工的工资、福利和为其办理社会保险及住房公积金后的余额为销售额，按照简易计税方法依5%征收率计缴增值税。

但选择差额纳税的纳税人，向用工单位收取用于支付给劳务派遣员工工资、福利和为其办理社会保险及住房公积金的费用，不得开具增值税专用发票，可以开具普通发票。

2. 成本因价税分离而减少

增值税是价外税，物资采购及成本费用支出需要进行价税分离，结果造成一定程度的成本、费用降低，但允许抵扣增值税进项税额，少缴纳增值税，但由于成本、费用的降低一定程度上提高了企业所得税的税负水平。“营改增”对增值税、成本核算、利润总额以及企业所得税产生综合性影响。

购入成本、费用项目	增值税	成本	所得税
交通运输服务：[1/(1+11%)]×11%	=9.91%	90.09%	2.48%
技术研发与服务：[1/(1+6%)]×6%	=5.66%	94.34%	1.42%
金融服务/鉴证：[1/(1+6%)]×6%	=5.66%	94.34%	1.42%
小规模处采购：[1/(1+3%)]×3%	=2.91%	97.09%	0.73%
制造与商贸活动：[1/(1+17%)]×17%	=14.53%	85.47%	3.63%

3. 遴选供应商，重视采购合同条款

（1）供应商的遴选标准：

两个标准：财务实力=诚信　纳税人=一般纳税人。

（2）价格谈判技巧：价格是否含税，合同双方必须予以约定。

（3）在货物采购、工程分包等合同中应明确约定由对方承担等额、合法、有效的增值税发票。尽量约定获取购销凭证、增值税专用发票后再支付采购款。

（4）采购方争取实现以高税率计算并抵扣采购支出的进项税额。

4. 接受金融服务所涉及支出的税款抵扣

（1）金融机构实行一般计税方法，形成增值税抵扣的闭环。但其下游企业（贷款企业）不能抵扣接受贷款服务的利息支出的进项税额。

“营改增”的系统性思考

（2）金融活动中，信托类融资、资产证券化等金融业务，资金利差实际上是没有利息发票的，无法实现进项税额的抵扣。

（3）在增值税制度下，不同的融资模式和不同的金融服务方式，会对接受金融服务的纳税人的税负产生显著影响。目前只允许接受直接收费金融服务的手续费、佣金等支出可以抵扣进项税额。

5. 切割利润，控制纳税节奏与频度

（1）采取企业分设、机构分立等分拆方式，实现利润的切割与分流，进而控制不同流程的增值额和税负水平。

（2）企业分设、机构分立，一般考虑以下三种情形：

之一，经营活动包含不同税率的兼营业务；

之二，经营活动包含不同税率的混合销售行为；

之三，经营活动包含应税服务与免税或减税服务。

6. 税率差异策略

（1）获得进项税额的抵扣率不同。

接受服务和采购货物时，涉及不同的进项税额抵扣率，尽量获得高税率计算的进项税额抵扣。

（2）纳税人必须分析业务活动之间的税率差异，凡是不同业务活动有税率差异，均存在一定程度的税收筹划空间。

7. 不可抵扣项目转化为可抵扣项目

一些业务活动不允许抵扣进项税额，如招待费（餐费支出）、娱乐支出等，但是纳税人可以适当变换这些活动的类型和实施条件，使之成为可抵扣项目。

如将招待费转化为会议费，控制条件取得合法的增值税专用发票，以实现进项税额抵扣。

8. 利用小规模纳税人

（1）如何控制税务风险？

【案例】构造特殊的业务单纯的小规模纳税人，凭借其纳税监管的宽松政策和简易的纳税流程完成对外交际应酬。

（2）如何控制税负？

【引申】掌握测算小规模纳税人与一般纳税人税负平衡点的方法。

“营改增”的系统性思考

9. 业务流程再造

业务流程再造，其实是补充增值税抵扣链条的重要思想，以拆分思路完成产业链的重塑与税款抵扣。

（1）健全产业链，创造内部交易，控制税款抵扣时机。

（2）注意流程再造后，业务活动的合同签订、业务模式和财务处理、税务处理的匹配性。

（3）关注业务流程再造的隐性税收与非税成本的变化。

10. 自行生产服务、建造活动→业务外包

（1）产品生产→生产外包；

（2）自我服务→服务外包；

（3）项目自建→项目代建；

（4）技术研发→委托开发。

通过业务外包，不仅可以实现专业化，提高技术含量和效率，而且还可以获得进项税额抵扣，与现代增值税制度要求相吻合。

第 12 讲

建筑、房地产业“营改增”特殊疑难问题解答

建筑业“营改增”特殊疑难问题解答

一、原来的项目是老项目，但后面又有新的分包，新的分包合同是后签的，分包要按照老项目还是新项目来核定？

解答：税法规定，一般纳税人为老项目提供建筑服务，界定的是项目。也就是说，总包项目是老项目，分包就一定是老项目。但深圳和北京的规定与此不同。深圳的政策规定，总包、分包分别按开工日期来核算。北京的政策规定，对于没有施工许可证的项目，总包是老项目的，分包如果是 5 月 1 号以后开工的，要按新项目核算。

二、建筑服务如何确认纳税义务发生时间？

解答：《营业税改征增值税试点实施办法》第四十五条规定，增值税纳税义务、扣缴义务发生时间为：

（一）纳税人发生应税行为并收讫销售款项或者取得索取销售款项凭据的当天；先开具发票的，为开具发票的当天。

建筑业“营改增”特殊疑难问题解答

收讫销售款项，是指纳税人销售服务、无形资产、不动产过程中或者完成后收到款项。

取得索取销售款项凭据的当天，是指书面合同确定的付款日期；未签订书面合同或者书面合同未确定付款日期的，为服务、无形资产转让完成的当天或者不动产权属变更的当天。

（二）纳税人提供建筑服务采取预收款方式的，其纳税义务发生时间为收到预收款的当天。

三、甲供材料是否计入建筑服务销售额？

解答：（一）如果甲供材作为工程款的一部分，甲方采购后交给建筑企业使用，并抵减部分工程款（比如，工程款 1000 万元，甲方实际支付 600 万元，剩余 400 万元用甲供材抵顶工程款）。则甲方用甲供材抵顶工程款，属于有偿转让货物的所有权，应缴纳增值税；甲方征税后，建筑企业可以获得进项税额正常抵扣。

（二）如果甲供材与工程款无关，甲方采购后交给建筑企业使用，并另行支付工程款（比如，工程款 600 万元，甲供材 400 万元）。则建筑企业仅需就实际取得的工程款 600 万元计提销项税额即可，即建筑企业的计税依据中不包括甲供材。

四、“营改增“后跨县（市、区）提供建筑服务如何预缴税款和进行纳税申报？

解答：根据《国家税务总局关于发布〈纳税人跨县（市、区）提供建筑服务增值税征收管理暂行办法〉的公告》（国家税务总局公告 2016 年第 17 号）的规定：

纳税人跨县（市、区）提供建筑服务，按照以下公式计算应预缴税款：

（一）适用一般计税方法计税的，应预缴税款 =（全部价款和价外费用 - 支付的分包款）÷（1 + 11%）×2%

（二）适用简易计税方法计税的，应预缴税款 =（全部价款和价外费用 - 支付的分包款）÷（1 + 3%）×3%

纳税人取得的全部价款和价外费用扣除支付的分包款后的余额为负数的，可结转下次预缴税款时继续扣除。

纳税人应按照工程项目分别计算应预缴税款，分别预缴。

建筑业“营改增”特殊疑难问题解答

纳税人跨县（市、区）提供建筑服务，应按照财税［2016］36号文件规定的纳税义务发生时间和计税方法，向建筑服务发生地主管国税机关预缴税款，向机构所在地主管国税机关申报纳税。

小规模纳税人跨县（市、区）提供建筑服务，以取得的全部价款和价外费用扣除支付的分包款后的余额，按照3%的征收率计算应预缴税款。月销售额不超过3万元（按季纳税9万元）的小规模纳税人，不需要预缴。

五、总分包工程项目如何开票和申报？

解答：根据《财政部 国家税务总局关于全面推开营业税改征增值税试点的通知》（财税［2016］36号）规定，纳税人可按照其取得的全部价款和价外费用全额开具发票，适用一般计税方法的应全额向机构所在地主管国税机关申报纳税；适用简易计税方法的可扣除分包款后向机构所在地主管国税机关申报纳税。跨县（市）提供建筑服务的，应向建筑服务发生地主管国税机关预缴税款后，回到机构所在地按上述方法申报纳税。

根据《国家税务总局关于发布〈纳税人跨县（市、区）提供建筑服务增值税征收管理暂行办法〉的公告》（国家税务总局公告2016年第17号）规定：“小规模纳税人跨县（市、区）提供建筑服务，不能自行开具增值税发票的，可向建筑服务发生地主管国税机关按照其取得的全部价款和价外费用申请代开增值税发票”。

六、纳税人跨县（市、区）提供建筑服务，未按规定预缴增值税如何处理？

解答：根据《国家税务总局关于发布〈纳税人跨县（市、区）提供建筑 服务增值税征收管理暂行办法〉的公告》（国家税务总局公告2016年第17号）的规定：“纳税人跨县（市、区）提供建筑服务，应按照财税［2016］36号文件规定的纳税义务发生时间和计税方法，向建筑服务发生地主管国税机关预缴税款，向机构所在地主管国税机关申报纳税。”

“纳税人跨县（市、区）提供建筑服务，按照本办法应向建筑服务发生地主管国税机关预缴税款而自应当预缴之月起超过6个月没有预缴税款的，由机构所在地主管国税机关按照《中华人民共和国税收征收管理法》及相关规定进行处理。”

建筑业“营改增”特殊疑难问题解答

七、建筑工程老项目如何确定？

解答：《营业税改征增值税试点有关事项的规定》中规定，建筑工程老项目是指：

（1）《建筑工程施工许可证》注明的合同开工日期在 2016 年 4 月 30 日前的建筑工程项目；

（2）未取得《建筑工程施工许可证》的，建筑工程承包合同注明的开工日期在 2016 年 4 月 30 日前的建筑工程项目。

对于现实中存在的《建筑工程施工许可证》以及建筑工程承包合同都没有注明开工时间的情况，按照实质重于形式的原则，只要纳税人可以提供 2016 年 4 月 30 日前实际已开工的证明，可以按照建筑工程老项目进行税务处理。

八、建筑业纳税人外出经营如何进行临时税务登记？

解答：建筑企业跨县区提供建筑服务，在地税部门管理时，持外管证在劳务发生地办理报验登记，就地缴纳税款并代开发票。营改增后，对跨县区提供建筑服务，基本沿袭了营业税下的管理方式，也是持外管证在劳务发生地预缴税款，回机构所在地申报。因此，在移交确认过程中，对这类纳税人的报验登记信息不必进行登记确认，也不必登记为增值税一般纳税人，对于已经办理登记确认信息的纳税人，需要对登记确认信息予以删除。

九、多项目施工能否采用汇总纳税方法进行进项税额抵扣？

解答：国家税务总局 2016 年公告 17 号文件和财税［2016］36 号，建筑企业采用总公司直接管理项目部的情况，不同项目之间可以交叉抵扣增值税。采用一般计税方法的施工企业，是在工程施工所在地按 2% 预交增值税，按简易征收方法计税的施工企业，工程所在地按 3% 预交增值税，所以多项目施工，可以汇总不同项目的进项税在公司注册所在地抵扣进项税。

十、资质共享与增值税抵扣办法有何冲突？

解答：资质共享指建筑企业通过总公司的资质中标工程拿给公司旗下各不同子公司施工，“营改增“后，增值税纳税地点回到公司注册所在地，必须以总公司名义建账，所有收支通过总公司来实施。

建筑业“营改增”特殊疑难问题解答

十一、清包工建筑工程和甲供工程在销售额的确定上“营改增”前后有何重大变化？对建筑和房地产公司有何影响？

解答：“营改增“后，清包工和甲供材料工程有一些变化，甲供材的销售额的确定是按建筑企业向业主收取的货款来计算，按差额来计算；比如说建筑工程1000万元，甲供材200万元，施工企业的销售额为1000－200＝800（万元）；以800万作为销售额，清包工也是按分包额从总包收取的价款作为销售额的计税依据。

十二、施工企业多数是按照施工进度收款的，怎么来界定增值税纳税义务的发生时间？

解答：收款就发生增值税纳税义务。纳税义务发生时间要按照合同规定的观点是错误的。比如合同中规定某个时间结构封顶，甲方付款50%，这个时间才发生了纳税义务，这种观点是不对的，没有付款就没有纳税义务。

十三、建筑服务的纳税义务时间如何确定？

解答：分为以下五种情况：

1. 先开具发票的，为开具发票的当天；

2. 在提供建筑服务之前收到款项的，即收到预收款时，为收到预收款的当天；

3. 提供建筑服务过程中或之后收到款项的，即收到工程进度款时，为收到工程进度款的当天；

4. 提供建筑服务过程中或之后，甲乙双方在书面合同中约定付款日期的，为书面合同确定的付款日期当天；

5. 未签订书面合同或者书面合同未确定付款日期的，为建筑工程项目竣工验收的当天。

【案例1】2016年5月25日，A施工企业与甲公司签订工程承包合同，甲公司通知A企业将于近期付款111万元，要求A企业开具增值税发票，A企业当日开具发票111万元。6月16日，A企业收到工程款111万元。那么A企业 的纳税义务发生时间是什么时间？答案是：A企业于2016年5月25日发生纳税义务。因为，A企业先开具了发票，发票开具当天即为纳税义务发生时间。

建筑业“营改增”特殊疑难问题解答

【案例 2】 2016 年 5 月 18 日，A 施工企业与乙公司签订工程承包合同，乙公司向 A 企业预付工程款 103 万元，A 企业于 5 月 30 日向乙公司开具发票 103 万元。那么 A 企业的纳税义务发生时间是什么时间？答案是：A 企业于 2016 年 5 月 18 日发生纳税义务。因为，在提供建筑服务之前收到款项的，即收到 预收款时，收到预收款的当天为纳税义务发生时间。

【案例 3】 2016 年 6 月 1 日，A 施工企业与乙公司签订工程承包合同，合同约定，施工期间工程款先由 A 企业垫付，竣工验收后 10 年内向 A 企业支付。2018 年 5 月 31 日，工程竣工验收。施工期间，乙公司未支付款项，A 企业也未向该公司开具发票。那么 A 企业的纳税义务发生时间是什么时候？答案是：A 企业最晚于 2028 年 5 月 31 日发生纳税义务，此前如有向甲方开具发票或提前收款情形，以开票或收款时间为纳税义务发生时间。

十四、异地施工项目预缴税款遵循什么样的操作流程和要求？

解答：跨区域经营是建筑行业的基本特点，通常情况下，采用简易计税方法的项目，应预缴税款 =（全部价款和价外费用 - 支付的分包款）÷（1 +3%）×3%；采用一般计税方法计税的项目，应预缴税款 =（全部价款和价外费用 - 支付的分包款）÷（1 +11%）×2%。

纳税人取得的全部价款和价外费用扣除支付的分包款后的余额为负数的，可结转下次预缴税款时继续扣除。计算公式中扣除支付的分包款，应当取得以下凭证，否则不得扣除：从分包方取得的 2016 年 4 月 30 日前开具的建筑业营业税发票，可用至 2016 年 6 月 30 日；从分包方取得的 2016 年 5 月 1 日后开具的，备注栏注明建筑服务发生地所在县（市、区）、项目名称的增值税发票。

项目部预缴税款时，需提交以下资料：《增值税预缴税款表》、与发包方签订的建筑合同原件及复印件、与分包方签订的分包合同原件及复印件和从分包方取得的发票原件及复印件。

十五、既从事钢结构等的生产销售，又提供安装、工程等建筑服务，是否属于混合销售？

解答：这里应把握两个原则：一是其销售行为必须是一项，二是该项行为必须即涉及服务又涉及货物。因此，对于钢构等企业，如果施工合同

建筑业“营改增”特殊疑难问题解答

中分别注明钢构价款和设计、施工价款的，分别按照适用税率计算缴纳增值税；如果施工合同中未分别注明的，对于钢构生产企业应按照销售货物计算缴纳增值税，对于建筑企业购买钢构进行施工应按照建筑服务计算缴纳增值税。

房地产业“营改增”特殊疑难问题解答

一、房地产开发公司销售房产时，土地价款如何扣除？

房地产开发企业为取得土地使用权支付的费用包括土地出让金、拆迁补偿费、征收补偿款、开发规费等。其中，土地出让金是指各级政府土地管理部门将土地使用权出让给土地使用者，按规定向买受人收取的土地出让的全部价款。

房地产开发企业中的一般纳税人，销售房地产项目（选择适用简易计税方法的除外），计算销售额时允许扣除受让土地时向政府部门支付的土地价款，即土地出让金列入差额扣除范围。

房地产开发企业中的一般纳税人，销售其开发的房地产项目（选择适用简易计税方式的除外），单独作价销售的配套设施，例如幼儿园、会所等项目，其销售额可以扣除该配套设施所对应的土地价款。

房地产开发企业中的一般纳税人，采取“旧城改造”方式开发房地产项目的，以取得的全部价款和价外费用为销售额，不得扣除直接支付给拆迁户的补偿款。

房地产开发企业从二级土地市场取得的土地使用权，凭取得的专用发票抵扣进项税额。

二、房地产开发企业计算缴纳增值税时，如何扣除进项税额？

解答：一般纳税人销售自行开发的房地产项目，兼有一般计税方法计税、简易计税方法计税、免征增值税的房地产项目而无法划分不得抵扣的

房地产业“营改增”特殊疑难问题解答

进项税额的，应以《建筑工程施工许可证》注明的“建设规模”为依据进行划分。

不得抵扣的进项税额 = 当期无法划分的全部进项税额 ×（简易计税、免税房地产项目建设规模 ÷ 房地产项目总建设规模）

三、房地产开发企业的售楼处、样板间的进项税额如何抵扣？

解答：售楼处、样板间属于在施工现场修建的临时建筑物、构筑物，其进项税额可一次性抵扣。如果最终进行拆除，表明售楼部、样板间已经使用完毕，不需要作进项税额转出。

四、不动产投资是否属于增值税征收范围？

解答：纳税人以不动产对外投资，应按规定缴纳增值税。《营业税改征增值税试点实施办法》第十条规定：“销售服务、无形资产或者不动产，是指有偿提供服务、有偿转让无形资产或者不动产。”《营业税改征增值税试点实施办法》第十一条规定：“有偿，是指取得货币、货物或者其他经济利益。”以不动产投资，是以不动产为对价换取了被投资企业的股权，取得了“其他经济利益”，应当缴纳增值税。

五、车辆停放服务应按什么税目纳税？

解答：属于不动产经营租赁范畴。

六、房地产企业销售精装修房所含装饰、设备是否视同销售？

解答：视同销售不动产的范围是：单位或者个人向其他单位或者个人无偿转让无形资产或者不动产，但用于公益事业或者以社会公众为对象的除外。

房地产企业销售精装修房，已在《商品房买卖合同》中注明的装修费用（含装饰、设备等费用），已经包含在房价中，因此不属于税法中所称的无偿赠送，无需视同销售。

七、地下车位永久租赁行为如何适用增值税税目？

解答：《合同法》规定，租赁合同超过 20 年无效。对永久租赁，归属于永久使用权范畴，应按销售不动产处理，适用 11% 的增值税税率。

八、房地产企业收取的定金、订金、诚意金、意向金是否属于预收款性质？

解答：定金、订金、诚意金、意向金属于房地产公司未开盘前收取的

房地产业“营改增”特殊疑难问题解答

款项，财务上作其他应收款，不作为预收款处理，没有增值税纳税义务。

九、没收的定金和违约金是否应当缴纳增值税？

解答：没收的定金和违约金，如果最后交易成交，则需缴纳增值税；如果交易没有成交，则不需要缴纳增值税。

还有一种观点是，没收的定金和违约金，如果在建委备案了，应作为价外费用开具发票，缴纳增值税；如果没有备案，是不需要缴纳增值税。

十、房地产公司销售不动产如何确认纳税义务时间？

解答：《营业税改征增值税试点实施办法》第四十五条规定，增值税纳税义务、扣缴义务发生时间为：纳税人发生应税行为并收讫销售款项或者取得索取销售款项凭据的当天；先开具发票的，为开具发票的当天。

纳税人发生应税行为是纳税义务发生的前提。房地产公司销售不动产，以房地产公司将不动产交付给买受人的当天作为应税行为发生的时间。

在具体交房时间的辨别上，以《商品房买卖合同》上约定的交房时间为准；若实际交房时间早于合同约定时间的，以实际交付时间为准。

以交房时间作为房地产公司销售不动产纳税义务发生时间，主要是基于以下几点考虑：一是可解决税款预缴时间与纳税义务发生时间不明确的问题；二是可以解决房地产公司销项税额与进项税额发生时间不一致造成的错配问题（如果按收到房屋价款作为纳税义务发生时间，可能形成前期销项税额大、后期进项税额大、长期留抵甚至到企业注销时进项税额仍然没有抵扣完毕的现象）；三是可以解决从销售额中扣除的土地价款与实现的收入匹配的问题。

十一、房地产企业代收的办证费是否属于价外费用？

解答：房地产开发企业为不动产买受人办理“两证”时代收办证费，不属于价外费用的范围。

十二、房地产企业一般纳税人一次购买土地、项目分期开发的，其土地成本如何分摊？

解答：房地产企业一次性购地，分次开发，可供销售建筑面积无法一次全部确定的，按以下顺序计算当期允许扣除分摊土地价款：

（1）首先，计算出已开发项目所对应的土地出让金。

已开发项目所对应的土地出让金 = 土地出让金 ×（已开发项目占地面

房地产业“营改增”特殊疑难问题解答

积÷开发用地总面积）

（2）然后，再按照以下公式计算当期允许扣除的土地价款。

当期允许扣除的土地价款 =（当期销售房地产项目建筑面积÷房地产项目可供销售建筑面积）×已开发项目所对应的土地出让金

当期销售房地产项目建筑面积，是指当期进行纳税申报的增值税销售额对应的建筑面积。房地产项目可供销售建筑面积，是指房地产项目可以出售的总建筑面积，不包括销售房地产项目时未单独作价结算的配套公共设施的建筑面积。

（3）按上述公式计算出的允许扣除的土地价款要按项目进行清算，且其总额不得超过支付的土地出让金总额。

（4）从政府部门取得的土地出让金返还款，可不从支付的土地价款中扣除。

十三、小规模纳税人转让土地使用权如何计税？

解答：小规模纳税人将取得的土地使用权未经开发直接转让的，为销售土地使用权，以取得的全部价款和价外费用为销售额，按照3%的征收率计算应纳增值税税额。

小规模纳税人将取得的土地使用权经开发后转让的，为转让建筑物或者构筑物时一并转让其所占土地的使用权，按照销售不动产征收增值税，以取得的全部价款和价外费用为销售额，按照5%的征收率计算应纳增值税税额。

十四、房地产企业将建设的医院、幼儿园、学校、供水设施、变电站、市政道路等配套设施无偿赠送（移交）给政府的，是否视同销售？

解答：房地产企业将建设的医院、幼儿园、学校、供水设施、变电站、市政道路等配套设施无偿赠送（移交）给政府的，如果上述设施在可售面积之外，作为无偿赠送的服务用于公益事业，不视同销售；如果上述配套设施在可售面积之内，则应视同销售，征收增值税。

十五、房地产企业销售不动产的同时，无偿提供家具、家电等货物应如何征税？

解答：房地产企业销售不动产，将不动产与货物一并销售，且货物包含在不动产价格以内的，不单独对货物按照适用税率征收增值税。例如，

房地产业“营改增”特殊疑难问题解答

随精装房一并销售的家具、家电等货物，不单独对货物按17%税率征收增值税。房地产企业购入的家具、家电等货物，可以抵扣购入的进项税额。

房地产企业销售不动产时，在房价以外单独无偿提供的货物，应视同销售货物，按货物适用税率征收增值税。例如，房地产企业销售商品房时，为促销举办抽奖活动赠送的家电，应视同销售货物，按货物适用税率征收增值税。

十六、房地产开发企业的多个老项目是否可以部分选择简易计税方法，部分选择一般计税方法？

解答：房地产开发企业的多个老项目可以部分选择简易计税方法，部分选择一般计税方法。一经选择简易计税方法计税的项目，36个月内不得变更为一般计税方法计税。

房地产以项目管理为原则，同一房地产企业的老项目需要单独备案，符合老项目标准的，可以选择适用简易征收。按5%征收率缴纳增值税。除法律规定不得开具增值税专用发票的情形外，一般纳税人可自行开具增值税专用发票。

例如，一个房地产开发企业有A、B两个老项目，A项目适用简易计税方法并不影响B项目选择一般计税方法。

十七、不动产老项目应如何判断？

解答：（一）转让不动产老项目

纳税人转让不动产，产权变更登记日期在2016年4月30日前的项目。

（二）自建不动产老项目

纳税人取得的第一个《建筑工程施工许可证》或建筑施工合同注明的开工时间在2016年4月30日前的项目。

1.《建筑工程施工许可证》注明的合同开工日期在2016年4月30日前的房地产项目；

2.《建筑工程施工许可证》未注明合同开工日期或者未取得《建筑工程施工许可证》但建筑工程承包合同注明的开工日期在2016年4月30日前的建筑工程项目。

（三）出租不动产的老项目

关于2016年4月30日前开工建设的在建工程，完工后用于出租是否

房地产业“营改增”特殊疑难问题解答

可以选择简易计税方法问题，可以选择简易计税方法。

《纳税人提供不动产经营租赁服务增值税征收管理办法》（国家税务总局公告 2016 年第 16 号）第三条第（一）款规定：“一般纳税人出租其 2016 年 4 月 30 日前取得的不动产可以选择适用简易计税方法，按照 5% 的征收率计算应纳税额”。

十八、房地产企业收到预收款时如何开具发票？是全额开，还是按照预收款金额开？

解答：房地产企业收到预收款时按照适用税率或者征收率开票，多次收款的可以多次开票，一套商品房可以开具多张发票。

十九、两个房地产企业在同一块土地上开发房地产项目，土地在其中一方名下，土地出让金应由谁来扣除？

解答：由拥有土地使用权的房地产开发商扣除相应的土地出让金。

二十、房地产开发企业跨县（市、区）开发项目如何预缴税款？

解答：房地产新项目预售时先按 3% 预缴税款，但不得减除土地价款；然后再到机构所在地进行纳税申报。房地产老项目预售时按照 3% 预缴税款，然后再到机构所在地进行纳税申报。

本着不影响现有财政利益格局的原则，建议房地产企业在每个项目所在地均办理营业执照和税务登记，独立计算和缴纳税款；对于未在项目所在地办理税务登记的，参照销售不动产的税务办法进行处理，即在不动产所在地按照 5% 进行预缴，在机构所在地进行纳税申报，并自行开具发票，对于不能自行开具增值税发票的小规模纳税人，可向不动产所在地主管国税机关申请代开。

二十一、房地产企业按照销售收入减除土地价款后的差额征税，如何进行会计处理？

解答：举例说明。

（1）甲公司（房地产开发企业）2016 年 5 月 10 日与市土地局签订土地受让合同，受让 A 地块土地面积 30 万平米，支付土地出让金 9.99 亿元，取得合法财政票据。会计处理如下：

借：开发成本——土地成本	900000000
应交税费——“营改增”待抵减的销项税额	99000000

房地产业“营改增”特殊疑难问题解答

贷：银行存款　　999000000

（2）甲公司2016年8月启动开发A地块，商品房可售建筑面积36万平米。2018年5月预售商品房12万平米，取得预售房款13.32亿元，应预缴增值税 =133200 ÷1.11 ×3% =3600（万元）。会计处理如下：

①收到预售房款：

借：银行存款　　1332000000

　　贷：预收账款　　1332000000

②预交增值税：

借：应交税费——预交增值税　　36000000

　　贷：银行存款　　36000000

（3）甲公司2018年5月预售的商品房于2019年6月交付业主，并符合收入确认条件，应当申报增值税。会计处理如下：

①确认收入：

借：预收账款　　1332000000

　　贷：主营业务收入　　1200000000

　　　　应交税费——应交增值税（销项税额）　　132000000

②抵减销项税额：

借：应交税费——应交增值税（“营改增”抵减的销项税额）

　　33000000

　　贷：应交税费——“营改增”待抵减的销项税额　　33000000

注：扣除土地价款 =（12 ÷36）×9.99 =3.33（亿元）

“营改增”抵减的销项税额 =3.33 ÷1.11 ×11% =0.33（亿元）

借：应交税费——应交增值税（销项税额抵减）　　33000000

　　贷：主营业务成本　　33000000

③抵减预交的增值税：

借：应交税费——未交增值税　　36000000

　　贷：应交税费——预交增值税　　36000000

二十二、房地产开发企业自行开发产品出租应如何纳税？

解答：房地产开发企业如果是小规模纳税人其出租不动产应适用 简易计税方法；如果是一般纳税人，则要根据取得不动产的时间来判定，2016年

房地产业“营改增”特殊疑难问题解答

4 月 30 日前取得的不动产属于“老”的不动产，可以选择适用简易计税方法；2016 年 5 月 1 日以后取得的不动产属于“新”的不动产，出租时适用的是一般计税方法。

政策依据：《财政部国家税务总局关于全面推开营业税改征增值税试点的通知》(财税［2016］36 号)、《国家税务总局关于发布〈纳税人提供不动产经营租赁服务增值税征收管理暂行办法〉》(国家税务总局公告 2016 年第 16 号)。

二十三、房地产开发企业如何在总分机构之间扣除土地价款?

解答：房地产开发企业以总机构的名义竞拍土地，并支付土地价款，交由分支机构开发，则相关的土地价款允许按照政策规定在分支机构进行扣除。

二十四、“房地产开发企业采取预收款方式销售的，在收到预收款时按 3% 预征率预缴增值税”，预缴后还需要办理申报吗？增值税预缴后是按月清算，还是达到时点后统一清算?

解答：根据《房地产开发企业销售自行开发的房地产项目增值税征收管理暂行办法》(国家税务总局公告 2016 年第 18 号) 的相关规定：

采取预收款方式销售自行开发的房地产项目，应在收到预收款时按照 3% 的预征率预缴增值税。其中，一般纳税人应在取得预收款的次月纳税申报期向主管国税机关预缴税款；小规模纳税人应在取得预收款的次月纳税申报期或主管国税机关核定的纳税期限向主管国税机关预缴税款。

按照《营业税改征增值税试点实施办法》的规定，纳税人采取预收款方式销售不动产的，其纳税义务发生时间不再为收到预收款的当天，而是完成不动产销售行为并收讫销售款项或者取得索取销售款项凭据的当天。

未抵减完的预缴税款可以结转下期继续抵减。

二十五、销售无产权的地下车位如何纳税?

解答：房地产开发企业销售无产权的地下车位，与业主签定《地下车位使用合同》，合同中明确约定：“该车位的使用期限为 20...... 使用期限届满，甲方同意将该车位继续无偿提供给乙方使用至 XX 年 XX 月 XX 日 (与土地使用权期限一致)。该合同实质是将标的物的所有权进行永久性转让，不存在使用期限的问题。同时合同约定，车位价为一次性支付，价格在 10 - 20 万元左右，与有产权的地下位销售价格相当。购卖方拥有车位的

房地产业“营改增”特殊疑难问题解答

使用权、处置权，可以出租、转让，不受房地产公司的管理、控制。销售无产权的地下车位如何纳税？

“营改增”后，房地产开发企业销售开发产品应缴纳增值税，根据《关于全面推开营业税改征增值税试点的通知》（财税［2016］36号）的规定，销售地下车位的使用权，应该缴纳增值税。《附件1附：销售服务、无形资产、不动产注释》规定：转让建筑物有限产权或者永久使用权的，转让在建的建筑物或者构筑物所有权的，以及在转让建筑物或者构筑物时一并转让其所占土地的使用权的，按照销售不动产缴纳增值税。即销售地下车位（包括人防车位）永久使用权，与地上商品房性质一样，按照销售开发产品计算缴纳增值税。

受让方不能办理车位产权手续，不需要缴纳车位契税。但还需要按照销售不动产缴纳土地增值税、企业所得税。

二十六、“向政府部门支付的土地价款”包不包含市政配套费等政府收费和契税？支付给政府的拆迁补偿款和支付给个人的拆迁补偿款能否抵减？扣减土地价款时，相应的土地配套费是否可以扣除？

解答：根据《房地产开发企业销售自行开发的房地产项目增值税征收管理暂行办法》（国家税务总局公告2016年第18号）第五条的规定：

支付的土地价款，是指向政府、土地管理部门或受政府委托收取土地价款的单位直接支付的土地价款。因此，不包括市政配套费等政府收费、契税、拆迁补偿款、土地配套费等其他费用。

二十七、股权收购拿地方式能否抵扣进项税额？

解答：股权收购是指一个公司收购另一公司的股权，得到了被收购方的土地，如果被收购方的土地是通过招拍挂取得的，收购方按被收购方原来取得的国土部门出具的行政事业性收据，抵扣11%。如果被收购方的土地是通过转让所得得到的土地，被收购方原来对土地的入账价值，以原来被转让方视同销售开具的票据作价，如果被收购方是通过国家无偿划拨来的则不能抵扣进项税的。

二十八、房屋代建模式财税如何操作？

解答：房屋代建必须具备三个条件：（1）建设单位（发包方）自己拥有土地，应以建设方的名义去当地发改委立项报建审批和规划；（2）房屋代

房地产业“营改增”特殊疑难问题解答

建的房地产公司不能垫款；（3）代建的房地产公司只能从中收取代理费。“营改增”以后，房地产公司从事代建行为，按现代服务业 6% 缴纳增值税。

二十九、土地出让金返还应如何进行财税处理？

解答：土地出让金返还，根据交易模式的不同而不同。

第一种情况，如果土地出让金返还，和政府约定土地出让金用于拆迁补偿支出，在土地增税没有取消的情况下，应开具增值税红字发票，冲减土地成本。

第二种情况，政府土地出让金返还，如果政府约定专款专用，房地产企业在财务处理上按照专款专用操作，没有任何税收问题。

第三种情况，如果政府和房地产公司的土地出让金合同约定，土地返还款是用于奖励，财务上计入营业外收入，不缴增值税，只缴企业所得税。

三十、红线外附加工程所包含的进项税额能否抵扣？

解答：红线外所发生的工程是不能进红线之内的成本的，因此，红线外附加工程所取得的进项税不能抵扣增值税进项税（注：全国目前只有广州市允许红线外的成本可以进成本）。

三十一、“营改增”前后甲供材处理的变化对房地产业税负有何影响？

解答：“营改增”前甲供材料分两种，一种是甲供设备和装修材料，只要房地产公司自己购买材料和装修材料，设备和装修材料是不需要交营业税的，除了甲供设备和装修材料之外，其他任何的甲供材，建筑企业都要交建安营业税，房地产公司必须取得建筑企业全额的建安发票，才能在土地增值税、企业所得税税前扣除。

“营改增”后，建筑企业的销售额是按照向房地产公司收取的所有价款包括价外费用。如果建筑企业选择简易计税，房地产公司只能抵扣自己购买的材料的进项税额。“营改增”后，房地产公司选择甲供材或包工包料，需要进一步计算分析。

三十二、园林绿化工程“营改增”前后的涉税风险控制关键是什么？

解答：园林绿化工程“营改增”前后的涉税风险控制关键在合同签订环节，苗圃属于农产品系列，是免税的，房地产公司直接和园林公司签合同买苗圃，凭园林公司开具的发票的销售价按 13% 抵扣；园林公司有两种，一种是有苗圃的园林公司，一种是没有苗圃的园林公司，当房地产公

房地产业“营改增”特殊疑难问题解答

司选择有苗圃的园林公司时，如果签订包工包料合同，比如100万元的苗圃，10万元的植树劳务，园林公司开具11%的增值税专用发票，房地产公司抵扣110×11%=12.1（万元）；如果房地产公司与园林公司签订100万元的销售合同，请人完成10万元的植树劳务，可以抵扣100×13%=13（万元），但园林公司不会签订包工包料合同，10万元的劳务开具3%的专用发票，10×3%=0.3（万元），则房地产公司可以抵扣13.3万元；如果房地产公司和没有苗圃的园林公司签订包工包料合同，园林公司只能开具110万元11%的专票，房地产公司可以抵扣110×11%=12.1（万元），因此，房地产公司选择第二种方案对纳税有利。

三十三、在基建工地搭建的临时建筑能否能抵扣增值税？最后被拆除，是否需要做进项税额转出？

解答：在基建工地搭建的临时建筑可以抵扣增值税，不用分两年，而是搭建临时建筑当期一次性抵扣进项税额。最后被拆除，不需要做进项税额转出。

三十四、不动产对外投资、分配等视同销售行为如何控制税收？

解答：不动产对外投资、分配在税法中视同销售，“营改增”后，要缴纳增值税。依据财税［2016］36号规定，如果转让2016年4月30日之前的不动产，选择5%的简易征收，如果不动产是5月1日以后取得的对外投资所分配的，视同销售是按11%缴税。因此，对不动产对外投资和分配，视同销售，就分为不动产是5月1日之前还是5月1日之后转让两种情形。

三十五、园林绿化工程中购买的苗木、草皮如何抵扣？是以增值税专用发票抵扣还是开具农产品收购发票？

解答：苗圃公司免增值税，凭苗圃公司的发票，按买价×13%抵扣。比如是农民自己的草皮、苗木没有发票，只能去税务局代开发票才能抵扣。

三十六、施工临时用水、用电的如何抵扣进项税额？

解答：让房地产公司给施工企业开具17%的电费发票和13%的水费发票抵扣进项税额。如果施工企业是做道路施工的，由施工企业和电力公司签订合同开发票。

三十七、回迁安置房是否要视同销售征收增值税？

解答：回迁安置房视同销售缴增值税。

房地产业“营改增”特殊疑难问题解答

三十八、清包工和甲供材的建安劳务增值税如何处理？

解答：清包工和甲供材，房地产企业采购材料、设备和动力，可以抵扣进项税额。施工方可以选择一般计税方法或简易计税方法。施工方计税方法的选择取决于甲供材在施工合同价款中的比重。

三十九、出租的不动产免租期内如何确认销售额？

解答：出租的不动产如果是 2016 年 4 月 30 日之前取得的，按简易计税方法征收增值税，如果是 2016 年 4 月 30 日以后获得的，则按一般计税方法，按照 11% 交纳增值税。免租不符合增值税的征收条件，因此，免租期不征收增值税。

四十、楼体广告、电梯间广告、车辆广告行为如何适用增值税税目？

解答：楼梯广告、电梯间广告按租赁不动产租税，按 11% 征收增值税。车辆广告按 17% 征收增值税。

四十一、随房赠送物业管理费如何确认销售额？

解答：买房送物业管理费视同销售，按市场公允价，确定销售额征税。

四十二、“营改增”前后“买一赠一”行为如何纳税及控制风险？

解答：“营改增”前后都一样，“营改增”前，买房送的冰箱洗衣机，不能扣除；“营改增后”，要视同销售交增值税。房地产企业“买一赠一”的促销行为不像工业企业一样可以作为捆绑销售，因此，房地产企业采取打折销售比赠送促销合适。

四十三、“营改增”前后首付款与按揭款该如何纳税？

解答：首付款和按揭款的到账时间即为增值税的纳税义务发生时间。

四十四、“营改增”前后自持物业经营或出租是否有利？

解答：2016 年 5 月 1 日之前，自持物业应按简易计税方法计税，税率为 5%；2016 年 5 月 1 日后按一般计税方法计税，税率为 11%。

四十五、“营改增”前后售后返租涉及的税收风险有哪些？该如何控制？

解答：“营改增”前和“营改增”后，售后返租的楼盘都应该由物业公司或资产管理公司来代替业主进行出租，资产管理公司收取管理费按 6% 的现代服务业税目征收增值税。物业公司或资产管理公司收取代理费，给出租人省一道房产税。因此，“营改增”后，应通过资产管理公司或物

房地产业“营改增”特殊疑难问题解答

业公司代租更省税。

四十六、不同类型车库、车位在增值税制度下如何进行税务处理?

解答:车库、车位分为能办产权的和不能办产权的两种,有产权的车库要交增值税;没有产权的车位、车库,在卖房时一并赠送,赠送的是长期使用权,根据财税[2016]36号文件规定,要视同销售缴纳增值税。车位,房地产公司的地上停车位,收取的停车费按11%缴纳增值税。

四十七、房地产代收费用是否属于增值税的价外费用要一并征收增值税?

解答:房地产公司代收的住房维修基金免收增值税,除此之外的所有代收费用作为价外费用缴纳增值税。

四十八、一个项目分期开发,多次领取施工许可证的,如何界定简易征收或一般征收?

解答:房地产项目以取得的《建筑工程施工许可证》作为界定标准,一个许可证为一个项目。

四十九、房地产开发企业出租自行开发的房地产项目,是否可使用简易征收率?

解答:一般纳税人出租2016年4月30日前取得的不动产可以选择适用简易计税方法,取得的不动产包括直接购买、接收捐赠、接受投资入股、自建以及抵债等形式。

五十、“营改增“实施后,房地产企业代垫的施工水电费,可否作为代收代付处理?

解答:有两种处理方法:房地产企业可以直接转售水、电给施工企业,开具增值税发票;也可以由水、电部门直接向施工企业开具发票,并由房地产企业代收转付相关款项。

中央财经大学
Central University of Finance and Economics

税收筹划与法律研究中心

关注微信公众号：中财大税收筹划与法律研究中心，获得更多资讯、知识和经验。

点燃智慧
启迪思维

谢谢您的阅读，有任何意见与建议请联系
作者以下邮箱：caichang@126.com

附　　录

附录 1

世界主要国家增值税税率表

1. 欧盟国家最新增值税税率

表－附 1　　欧盟国家最新增值税税率表

国家（地区）	标准税率	优惠税率
奥地利	20%	10%（租赁居住房，垃圾处理、食品、书籍杂志，艺术品收入）
比利时	21%	12%
保加利亚	20%	7%
塞浦路斯	17%	5%，8%（公共交通）
捷克	21%	15%（食品、医药、书籍、公共交通）
丹麦	25%	0%
爱沙尼亚	20%	9%
芬兰	24%	14%，10%
法国	19.6%	5.5%，2.1%，7%
德国	19%	7%（食品，书籍，花等）
希腊	23%	13%，6.5%（住宿业）
匈牙利	27%	18%，5%
爱尔兰	23%	13.5%，9%，4.8%
意大利	21%	10%，4%
拉脱维亚	21%	12%
立陶宛	21%	9%，5%
卢森堡	15%	12%，9%，6%，3%
马耳他	18%	5%

续表

国家（地区）	标准税率	优惠税率
荷兰	21%	6%
波兰	23%	8%，5%
葡萄牙	23%	13%，6%
罗马尼亚	24%	9%（医药和书籍），5%（特殊情况下首次购买新房）
斯洛伐克	20%	10%
斯洛文尼亚	20%	8.5%
西班牙	21%或7%	10%
瑞典	25%	12%（食品，餐馆，住宿），6%（公共交通，书籍）
英国	20%	5%（家庭能源再利用，杂货铺，水、处方药，童装，公共交通，书籍，杂志）

资料来源：http：//en.wikipedia.org/wiki/Value_added_tax#cite_note－22。

注：欧盟是增值税的发源地，其各国税率多为一档基本税率加上1到2档优惠税率。欧盟委员会一直试图在欧盟区统一增值税税率，但鉴于尊重各国传统，统一增值税税率的进程非常缓慢。

2. 非欧盟国家（地区）增值税税率

表－附2　　非欧盟国家增值税税率表

国家（地区）	标准税率	优惠税率
阿尔巴尼亚	20%	10%（医疗服务）
科索沃	16%	
安道尔	4.5%	1%
阿塞拜疆	18%	10.5%
阿根廷	21%	10.5%
亚美尼亚	20%	
澳大利亚	10%	
白俄罗斯	20%	10%，0.5%
孟加拉国	15%	4%，5%，5%，5.5%
巴巴多斯	17.5%	
波斯尼亚和黑塞哥维那	17%	
巴西	12%	0
玻利维亚	13%	
加拿大	5%＋0～10%	5%

续表

国家（地区）	标准税率	优惠税率
智利	19%	
哥伦比亚	16%	
克罗地亚	25%	10%，5%
多米尼加圣多明各	16%	12%
厄瓜多尔	12%	
埃及	10%	
萨尔瓦多	13%	
埃塞俄比亚	15%	
斐济	15%	0
法罗群岛国	25%	
格鲁吉亚	18%	0
加纳	13%	
危地马拉	12%	
圭亚那	16%	0
伊朗	5%	
冰岛	25.5%	7%
印度	13.5%	12.5%，5%，1%，0
印度尼西亚	10%	5%
以色列	17%	0
日本	5%	
泽西	5%	0
约旦	16%	
哈萨克斯坦	12%	
黎巴嫩	10%	
列支敦士登	8.0%	3.8%，.5%
摩洛哥	20%	
摩尔多瓦	20%	8%，5%，0
马其顿	18%	5%
马来西亚	10%	
马尔代夫	6%	0
墨西哥	16%	11%，0
摩纳哥	19.6%	5.6%
黑山	17%	

续表

国家（地区）	标准税率	优惠税率
毛里求斯	15%	
纳米比亚	15%	0
尼泊尔	13%	0
新西兰	15%	
挪威	25%	15%，8%
巴勒斯坦地区	14.5%	
巴基斯坦	16%	1%，0
巴拿马	7%	0
巴拉圭	10%	5%
秘鲁	16%	
菲律宾	12%	6%
俄罗斯	18%	10%，0
圣克里斯托弗	17%	
塞尔维亚	20%	8%，0
新加坡	7%	
南非	14%	0
韩国	10%	
斯里兰卡	12%	0
瑞士	8%	3.8%，5%
中国台湾	5%	
泰国	7%	
特立尼达和多巴哥	15%	0
突尼斯	18%	
土耳其	18%	8%，1%
乌克兰	20%	0
乌拉圭	22%	10%
乌兹别克斯坦	20 %	
越南	10%	5%，0
委内瑞拉	12%	11%

资料来源：http：//en.wikipedia.org/wiki/Value_added_tax#cite_note－22。

注：从税率结构上看，非欧盟国家也采取了基本税率加优惠税率的模式，除少数国家外，优惠税率多为一档。

附录2

增值税税率及征收率明细表

纳税人身份	计税模式	税目（应税行为）	税率	发票类型	可否抵扣
一般纳税人	一般计税	提供适用17%税率的行为			
		1. 销售或进口货物	17.0%	专用发票	可以
		2. 提供应税劳务（加工、修理修配等）	17.0%	专用发票	可以
		3. 租赁服务（有形动产）	17.0%	专用发票	可以
		（1）融资租赁服务	17.0%		
		①有形动产融资租赁服务	17.0%		
		（2）经营租赁服务	17.0%	专用发票	可以
		①有形动产经营租赁业务	17.0%	专用发票	可以
	一般计税	提供适用13%税率的行为			
		1. 粮食、食用植物油	13.0%	农产品销售发票或收购发票	可以
		2. 自来水、暖气、冷气、热气、煤气、石油液化气、天然气、沼气、居民用煤炭制品	13.0%	专用发票	可以
		3. 图书、报纸、杂志	13.0%	专用发票	可以
		4. 饲料、化肥、农药、农机（整机）、农膜	13.0%	专用发票	可以
		5. 国务院规定的其他货物	13.0%	专用发票	可以
		6. 农产品（指各种动、植物初级产品，不含淀粉）；食用盐；二甲醚	13.0%	专用发票	可以
		7. 音像制品；电子出版物	13.0%	专用发票	可以
	一般计税	提供适用11%税率的行为			
		1. 交通运输服务	11.0%		
		（1）陆路运输服务	11.0%	专用发票	可以
		①铁路运输服务	11.0%	专用发票	可以
		②其他陆路运输服务	11.0%	专用发票	可以
		（2）水路运输服务	11.0%	专用发票	可以
		①程租业务	11.0%	专用发票	可以
		②期租业务	11.0%	专用发票	可以

续表

纳税人身份	计税模式	税目（应税行为）	税率	发票类型	可否抵扣
一般纳税人	一般计税	（3）航空运输服务	11.0%	专用发票	可以
		①航空运输的湿租服务	11.0%	专用发票	可以
		（4）管道运输服务	11.0%	专用发票	可以
		①无运输工具承运服务	11.0%	专用发票	可以
		2. 邮政服务	11.0%	专用发票	可以
		（1）邮政普遍服务	11.0%	专用发票	可以
		①函件	11.0%	专用发票	可以
		②包裹	11.0%	专用发票	可以
		（2）邮政特殊服务	11.0%	专用发票	可以
		①邮政特殊服务	11.0%	专用发票	可以
		（3）其他邮政服务	11.0%	专用发票	可以
		①邮册等邮品销售、邮政代理业务活动	11.0%	专用发票	可以
		3. 电信服务（基础）	11.0%	专用发票	可以
		（1）基础电信服务	11.0%	专用发票	可以
		①基础电信服务	11.0%	专用发票	可以
		4. 建筑服务	11.0%	专用发票	可以
		（1）工程服务	11.0%	专用发票	可以
		①工程服务	11.0%	专用发票	可以
		（2）安装服务	11.0%	专用发票	可以
		①安装服务	11.0%	专用发票	可以
		（3）修缮服务	11.0%	专用发票	可以
		①修缮服务	11.0%	专用发票	可以
		（4）装饰服务	11.0%	专用发票	可以
		①装饰服务	11.0%	专用发票	可以
		（5）其他建筑服务	11.0%	专用发票	可以
		①其他建筑服务	11.0%	专用发票	可以
		5. 销售不动产	11.0%	专用发票	可以
		（1）销售建筑物	11.0%	专用发票	可以
		①建筑物	11.0%	专用发票	可以
		（2）销售构筑物	11.0%	专用发票	可以
		①构筑物	11.0%	专用发票	可以

续表

纳税人身份	计税模式	税目（应税行为）	税率	发票类型	可否抵扣
一般纳税人	一般计税	6. 销售无形资产（土地使用权）	11.0%	专用发票	可以
		（1）自然资源使用权	11.0%	专用发票	可以
		①土地使用权	11.0%	专用发票	可以
		7. 租赁服务（不动产）	11.0%	专用发票	可以
		（1）融资租赁服务	11.0%		
		②不动产融资租赁服务	11.0%		
		（2）经营租赁服务	11.0%	专用发票	可以
		②不动产经营租赁业务	11.0%	专用发票	可以
	一般计税	提供适用6%税率的行为		专用发票	可以
		1. 电信服务（增值）	6.0%	专用发票	可以
		（2）增值电信服务	6.0%	专用发票	可以
		①增值电信服务	6.0%	专用发票	可以
		2. 金融服务	6.0%		
		（1）贷款服务	6.0%		
		①贷款	6.0%		
		②融资性售后回租	6.0%		
		（2）直接收费金融服务	6.0%		
		①直接收费金融服务	6.0%		
		（3）保险服务	6.0%	专用发票	可以
		①人身保险服务	6.0%		不可以
		②财产保修服务	6.0%	专用发票	可以
		（4）金融商品转让	6.0%	专用发票	可以
		①金融商品转让	6.0%		
		②其他金融商品转让	6.0%		
		3. 现代服务	6.0%	专用发票	可以
		（1）研发和技术服务	6.0%	专用发票	可以
		①研发服务	6.0%	专用发票	可以
		②合同能源管理服务	6.0%	专用发票	可以
		③工程勘察勘探服务	6.0%	专用发票	可以
		④专业技术服务	6.0%	专用发票	可以

续表

纳税人身份	计税模式	税目（应税行为）	税率	发票类型	可否抵扣
一般纳税人	一般计税	（2）信息技术服务	6.0%	专用发票	可以
		①软件服务	6.0%	专用发票	可以
		②电脑设计及测算服务	6.0%	专用发票	可以
		③信息系统服务	6.0%	专用发票	可以
		④业务流程管理服务	6.0%	专用发票	可以
		⑤信息系统增值服务	6.0%	专用发票	可以
		（3）文化创意服务	6.0%	专用发票	可以
		①设计服务	6.0%	专用发票	可以
		②知识产权服务	6.0%	专用发票	可以
		③广告服务	6.0%	专用发票	可以
		④会议展览服务	6.0%	专用发票	可以
		（4）物流辅助服务	6.0%	专用发票	可以
		①航空服务	6.0%	专用发票	可以
		②港口码头服务	6.0%	专用发票	可以
		③货运客运场站服务	6.0%	专用发票	可以
		④打捞救助服务	6.0%	专用发票	可以
		⑤装修搬运服务	6.0%	专用发票	可以
		⑥仓储服务	6.0%	专用发票	可以
		⑦收派服务（收、分、派）	6.0%	专用发票	可以
		（5）鉴证咨询服务	6.0%	专用发票	可以
		①认证服务	6.0%	专用发票	可以
		②鉴证服务	6.0%	专用发票	可以
		③咨询服务	6.0%	专用发票	可以
		（6）广播影视服务	6.0%	专用发票	可以
		①广播影视节目（作品）制作服务	6.0%	专用发票	可以
		②广播影视节目（作品）发行服务	6.0%	专用发票	可以
		③广播影视节目（作品）播映服务	6.0%	专用发票	可以
		（7）商务辅助服务	6.0%	专用发票	可以
		①企业管理服务	6.0%	专用发票	可以
		②经纪代理服务	6.0%	专用发票	可以
		③人力资源服务	6.0%	专用发票	可以
		④安全保护服务	6.0%	专用发票	可以

续表

纳税人身份	计税模式	税目（应税行为）	税率	发票类型	可否抵扣
一般纳税人	一般计税	（8）其他现代服务	6.0%	专用发票	可以
		①其他现代服务	6.0%	专用发票	可以
		4. 生活服务	6.0%		
		（1）文化体育服务	6.0%	专用发票	可以
		①文化服务	6.0%	专用发票	可以
		②体育服务	6.0%	专用发票	可以
		（2）教育医疗服务	6.0%	专用发票	可以
		①教育服务	6.0%	专用发票	可以
		②医疗服务	6.0%	专用发票	可以
		（3）旅游娱乐服务	6.0%	专用发票	可以
		①旅游服务	6.0%	专用发票（非集体福利等）	可以
		②娱乐服务	6.0%	专用发票（非个人消费等）	可以
		（4）餐饮住宿服务	6.0%		
		①餐饮服务	6.0%	普通发票、专用发票	不可以
		②住宿服务	6.0%	专用发票	可以
		（5）居民日常服务	6.0%	增值税专用发票（用于生产经营）	可以
		（6）其他生活服务	6.0%	专用发票	可以
		5. 销售无形资产	6.0%		
		（1）技术	6.0%	专用发票	可以
		①专利技术	6.0%	专用发票	可以
		②非专利技术	6.0%	专用发票	可以
		（2）商标	6.0%	专用发票	可以
		（3）著作权	6.0%	专用发票	可以
		（4）商誉	6.0%	专用发票	可以

续表

纳税人身份	计税模式	税目（应税行为）	税率	发票类型	可否抵扣
一般纳税人	一般计税	（5）其他权益性无形资产	6.0%	专用发票	可以
		（6）自然资源使用权	6.0%	专用发票	可以
		①海域使用权	6.0%	专用发票	可以
		②探矿权	6.0%	专用发票	可以
		③采矿权	6.0%	专用发票	可以
		④取水权	6.0%	专用发票	可以
		⑤其他自然资源使用权	6.0%	专用发票	可以
所有纳税人	简易、征收率	提供适用5%征收率的行为			
		1. 销售不动产	5.0%	专用发票	可以
		（1）取得的不动产（差额纳税）	5.0%	专用发票	可以
一般纳税人	简易计税	①一般纳税人（2016年4月30日前取得）	5.0%	专用发票	可以
小规模纳税人	征收率	②小规模纳税人（不含购买的住房和个人销售不动产）	5.0%	专用发票	可以
小规模纳税人	征收率	③其他个人（不含其购买的住房）	5.0%	专用发票	可以
所有纳税人	简易、征收率	（2）自建的不动产（全额纳税）	5.0%	专用发票	可以
一般纳税人	简易计税	①一般纳税人（2016年4月30日前取得）	5.0%	专用发票	可以
小规模纳税人	征收率	②小规模纳税人	5.0%	专用发票	可以
所有纳税人	简易、征收率	（3）房地产开发企业销售自行开发的项目（全额纳税）	5.0%	专用发票	可以
一般纳税人	简易计税	①一般纳税人（2016年4月30日前取得）	5.0%	专用发票	可以
小规模纳税人	征收率	②小规模纳税人	5.0%	专用发票	可以
小规模纳税人	征收率	（4）个人销售住房（购买不足2年）（全额纳税）	5.0%	专用发票	可以

续表

纳税人身份	计税模式	税目（应税行为）	税率	发票类型	可否抵扣
所有纳税人	简易、征收率	2. 不动产经营租赁	5.0%	专用发票	可以
		(1) 取得的不动产	5.0%	专用发票	可以
一般纳税人	简易计税	①一般纳税人（2016 年 4 月 30 日前取得）	5.0%	专用发票	可以
小规模纳税人	征收率	②小规模纳税人（不含个人出租住房）	5.0%	专用发票	可以
小规模纳税人	征收率	③其他个人（不含住房）	5.0%	专用发票	可以
一般纳税人	简易计税	3. 中外合作油（气）田开采（含中外双方签订石油合同合作开采陆上）的原油、天然气	5.0%	专用发票	可以
所有纳税人	简易、征收率	提供适用 3% 征收率的行为			
小规模纳税人	征收率	1. 小规模纳税人发生的应税行为	3.0%	专用发票	可以
		(1) 小规模纳税人销售货物、劳务、无形资产、服务	3.0%	专用发票	可以
		①销售货物	3.0%	专用发票	可以
		②提供劳务	3.0%	专用发票	可以
		③转让无形资产	3.0%	专用发票	可以
		④销售服务（建筑、运输、现代服务、生活服务等）	3.0%	专用发票	可以
		(2) 小规模纳税人（除其他个人外）销售自己使用过的除固定资产以外的物品	3.0%	专用发票	可以
		(3) 小规模纳税人销售自己使用过的固定资产（可放弃减税，代开专用发票）	3.0%	专用发票	可以
一般纳税人	简易计税	2. 一般纳税人可选择按征收率 3% 计税的行为	3.0%	专用发票	
		(1) 有形动产经营租赁	3.0%	专用发票	可以
		①公路经营企业收取试点前开工（在 2016 年 4 月 30 日前）的高速公路的车辆通行费	3.0%	专用发票	可以

续表

纳税人身份	计税模式	税目（应税行为）	税率	发票类型	可否抵扣
一般纳税人	简易计税	②以纳入营改增试点之日前取得的有形动产为标的物提供的经营租赁服务	3.0%	专用发票	可以
		③在纳入营改增试点之日前签订的尚未执行完毕的有形动产租赁合同	3.0%	专用发票	可以
		(2) 建筑服务	3.0%	专用发票	可以
		①以清包工方式提供的建筑服务	3.0%	专用发票	可以
		②为甲供工程提供的建筑服务	3.0%	专用发票	可以
		③为建筑工程老项目提供的建筑服务(2016年4月30日前)	3.0%	专用发票	可以
		(3) 交通运输服务	3.0%	专用发票	可以
		①提供的公共交通运输服务（包括轮客渡、公交客运、地铁、城市轻轨、出租车、长途客运、班车）	3.0%	专用发票	可以
		(4) 现代服务	3.0%	专用发票	可以
		①提供的电影放映服务	3.0%	专用发票	可以
		②提供的仓储服务	3.0%	专用发票	可以
		③提供的装卸搬运服务	3.0%	专用发票	可以
		④提供的收派服务	3.0%	专用发票	可以
		⑤经认定的动漫企业为开发动漫产品提供的动漫脚本编撰、形象设计、背景设计、动画设计、分镜、动画制作、摄制、描线、上色、画面合成、配音、配乐、音效合成、剪辑、字幕制作、压缩转码（面向网络动漫、手机动漫格式适配）服务，以及在境内转让动漫版权（包括动漫品牌、形象或者内容的授权及再授权）	3.0%	专用发票	可以
		(5) 生活服务	3.0%	专用发票	可以
		①提供的文化体育服务	3.0%	专用发票	可以
		(6) 特殊货物	3.0%		
		①药品经营企业获准从事生物制品经营的药品批发和零售企业销售生物制品	3.0%		

续表

纳税人身份	计税模式	税目（应税行为）	税率	发票类型	可否抵扣
一般纳税人	简易计税	②兽用药品经营企业获准从事兽用生物制品经营的兽用药品批发和零售企业销售兽用生物制品	3.0%		
		③光伏发电项目发电户（个人和不经常发生应税行为的非企业性单位）销售电力产品（有减免）	3.0%		
		④自2015年9月1日起至2016年6月30日，对增值税一般纳税人销售的库存化肥（在2015年8月31日前生产或购进的尚未销售的化肥）	3.0%		
		(7) 由原4%征收率改为按3%征收率计税的行为（开专用发票）	3.0%	专用发票	
		①寄售商店代销寄售物品（含居民个人寄售的物品）	3.0%		
		②典当业销售死当物品	3.0%		
		(8) 由原6%征收率改为可选择按3%征收率计税的销售货物行为	3.0%	专用发票	
		①县级及县级以下小型水利发电单位生产的电力	3.0%	专用发票	
		②自产的建筑用和生产建筑材料所用的砂、土、石料	3.0%	专用发票	
		③以自己采掘的砂、土、石料或其他矿物连续生产的砖、瓦、石灰（不含黏土实心砖、瓦）	3.0%	专用发票	
		④用微生物、微生物代谢产物、动物毒素、人或动物的血液或组织，自产制成的生物制品	3.0%	专用发票	
		⑤自产的自来水	3.0%	专用发票	
		⑥自产的以水泥为原料生产的商品混凝土	3.0%	专用发票	
		⑦一般纳税人的自来水公司销售自来水（不含桶装水）	3.0%	专用发票	

续表

纳税人身份	计税模式	税目（应税行为）	税率	发票类型	可否抵扣
一般纳税人	简易计税	⑧一般纳税人（固定业户）未持“外出经营活动税收管理证明”，临时到外省、市销售货物的，经营地税务机关按3%的征收率征税，需开具专用发票的回原地补开	3.0%	专用发票	
		⑨属于增值税一般纳税人的单采血浆站销售非临床用人体血液（但不得对外开具增值税专用发票）	3.0%	专用发票	
所有纳税人	简易、征收率	提供减按2%征收的行为			
一般纳税人	简易计税	1. 一般纳税人销售使用过的固定资产及旧货现减按2%计税	2.0%		
		（1）销售旧货（不包括自己使用过的物品）	2.0%		
		（2）销售使用过的固定资产（不含不动产）	2.0%		
		①一般纳税人销售自己使用过的、纳入营改增试点之日前取得的固定资产	2.0%		
		②纳税人购进或者自制固定资产时为小规模纳税人，认定为一般纳税人后销售该自己使用过的固定资产	2.0%		
		③一般纳税人销售其按照规定不得抵扣且未抵扣进项税额的已使用过的固定资产	2.0%		
小规模纳税人	征收率	2. 小规模纳税人（除其他个人外）销售自己使用过的固定资产和旧货	2.0%		
		（1）销售自己使用过的固定资产	2.0%		
		（2）销售旧货（不包括自己使用过的物品）	2.0%		
所有纳税人	征收率	3. 专门从事旧货买卖的企业销售旧货	2.0%		
个人	征收率	提供减按1.5%征收的行为			
个人	征收率	1. 个人出租住房，按照5%的征收率减按1.5%计算应纳税额	1.5%	专用发票	可以
所有纳税人	简易、征收率	提供适用0税率和免税的行为			

续表

纳税人身份	计税模式	税目（应税行为）	税率	发票类型	可否抵扣
所有纳税人	简易、征收率	1. 适用零税率的应税行为	0		
		（1）国际运输服务	0		
		（2）航天运输服务	0		
		（3）向境外单位提供的完全在境外消费的下列服务	0		
		①研发服务	0		
		②合同能源管理服务	0		
		③设计服务	0		
		④广播影视节目（作品）的制作和发行服务	0		
		⑤软件服务	0		
		⑥电路设计及测试服务	0		
		⑦信息系统服务	0		
		⑧业务流程管理服务	0		
		⑨离岸服务外包业务	0		
		⑩转让技术	0		
		（4）财政部和国家税务总局规定的其他服务	0.0%		
		2. 免征增值税的应税行为	0		
		（1）财政部和国家税务总局规定适用增值税零税率的除外的服务	0		
		①工程项目在境外的建筑服务	0		
		②工程项目在境外的工程监理服务	0		
		③工程、矿产资源在境外的工程勘察勘探服务	0		
		④会议展览地点在境外的会议展览服务	0		
		⑤存储地点在境外的仓储服务	0		
		⑥标的物在境外使用的有形动产租赁服务	0		
		⑦在境外提供的广播影视节目（作品）的播映服务	0		

续表

纳税人身份	计税模式	税目（应税行为）	税率	发票类型	可否抵扣
所有纳税人	简易、征收率	⑧在境外提供的文化体育服务、教育医疗服务、旅游服务	0		
		（2）为出口货物提供的邮政服务、收派服务、保险服务	0		
		（3）向境外单位提供的完全在境外消费的下列服务和无形资产	0		
		①电信服务	0		
		②知识产权服务	0		
		③物流辅助服务（仓储服务、收派服务除外）	0		
		④鉴证咨询服务	0		
		⑤专业技术服务	0		
		⑥商务辅助服务	0		
		⑦广告投放地在境外的广告服务	0		
		⑧无形资产	0		
		（4）以无运输工具承运方式提供的国际运输服务	0		
		（5）与境内的货物、无形资产和不动产无关的为境外单位之间的货币资金融通及其他金融业务提供的直接收费金融服务	0		
		（6）财政部和国家税务总局规定的其他服务	0		

附录3

建筑公司基于收支经验值测算增值税综合税负率

以总金额100万元工程收入为样本（以购进材料取得一般纳税人开具的增值税专用发票），毛利率（含税费）为20%，成本为80%。

单位：万元

增值税	收支明细项目	所占比例	发票	抵扣率	税收金额	分项合计（1）	分项合计（2）
销项税额	工程收入	100%			=100÷（1+11%）×11% =9.90991		
进项税额	20%毛利（含税费）	20%			0	0	0
	80%成本（含下列支出项目）	80%					
	人工成本	30%～35%	普票		0	0	0
	土方工程	1%～2%	无票		0	0	0
	水	1%	专票	3%	100×80%×1%×3% =0.024	0.024	0.024
	电	1%～4%	专票	17%	最低=100×80%×2% ×17% =0.272	0.272	
			专票	17%	最高=100×80%×4% ×17% =0.544		0.544
	油漆、涂料	2%～3%	专票	17%	最低=100×80%×2% ×17% =0.272	0.0272	
			专票	17%	最高=100×80%×3% ×17% =0.408		0.408
	脚手架	5%～7%	无票		0	0	0

续表

增值税	收支明细项目	所占比例	发票	抵扣率	税收金额	分项合计（1）	分项合计（2）
进项税额	模板	8% ~ 13%	专票	17%	最低 = 100 × 80% × 8% × 17% = 1.088	1.088	
			专票	17%	最高 = 100 × 80% × 13% × 17% = 1.768		1.768
	砖	3% ~ 6%	无票	3%	0	0	0
	钢材	15% ~ 21%	专票	17%	最低 = 100 × 80% × 15% × 17% = 2.04	2.04	
			专票	17%	最高 = 100 × 80% × 21% × 17% = 2.856		2.856
	混凝土	10% ~ 15%	专票	3%	最低 = 100 × 80% × 10% × 3% = 0.024	0.024	
			专票	3%	最高 = 100 × 80% × 15% × 3% = 0.036		0.036
	防水保温材料	2%	专票	17%	最高 = 100 × 80% × 2% × 17% = 0.272	0.272	
	砂、石、石灰等	1%	无票		0	0	0
	机械租赁、使用费	3% ~ 6%	无票		0	0	0
	pvc、铝合金、门窗、五金件等	2% ~ 6%	专票	17%	最低 = 100 × 80% × 2% × 17% = 0.272	0.272	
			专票	17%	最高 = 100 × 80% × 6% × 17% = 0.816		0.816
进项税额合计						4.0192	6.452
应纳税额 = 销项税额 - 进项税额						5.89071	3.45791
增值税实际税负						5.89%	3.46%
原营业税税负						3%	3%

附录 4

进项凭证流转图

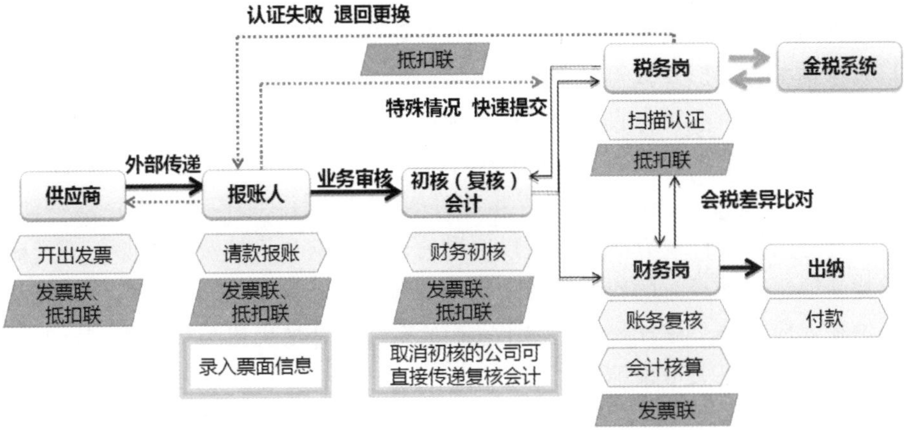

附录 5

关于发布《纳税人转让不动产增值税征收管理暂行办法》的公告

国家税务总局公告 2016 年第 14 号

国家税务总局制定了《纳税人转让不动产增值税征收管理暂行办法》，现予以公布，自 2016 年 5 月 1 日起施行。

特此公告。

国家税务总局

2016 年 3 月 31 日

纳税人转让不动产增值税征收管理暂行办法

第一条 根据《财政部 国家税务总局关于全面推开营业税改征增值税试点的通知》（财税［2016］36 号）及现行增值税有关规定，制定本办法。

第二条 纳税人转让其取得的不动产，适用本办法。

本办法所称取得的不动产，包括以直接购买、接受捐赠、接受投资入股、自建以及抵债等各种形式取得的不动产。

房地产开发企业销售自行开发的房地产项目不适用本办法。

第三条 一般纳税人转让其取得的不动产，按照以下规定缴纳增值税：

（一）一般纳税人转让其 2016 年 4 月 30 日前取得（不含自建）的不动产，可以选择适用简易计税方法计税，以取得的全部价款和价外费用扣除不动产购置原价或者取得不动产时的作价后的余额为销售额，按照 5% 的征收率计算应纳税额。纳税人应按照上述计税方法向不动产所在地主管地税机关预缴税款，向机构所在地主管国税机关申报纳税。

（二）一般纳税人转让其 2016 年 4 月 30 日前自建的不动产，可以选择适用简易计税方法计税，以取得的全部价款和价外费用为销售额，按照 5% 的征收率计算应纳税额。纳税人应按照上述计税方法向不动产所在地主管地税机关预缴税款，向机构所在地主管国税机关申报纳税。

（三）一般纳税人转让其 2016 年 4 月 30 日前取得（不含自建）的不动产，选择适用一般计税方法计税的，以取得的全部价款和价外费用为销售额计算应纳税额。纳税人应以取得的全部价款和价外费用扣除不动产购置原价或者取得不动产时的作价后的余额，按照 5% 的预征率向不动产所在地主管地税机关预缴税款，向机构所在地主管国税机关申报纳税。

（四）一般纳税人转让其 2016 年 4 月 30 日前自建的不动产，选择适用一般计税方法计税的，以取得的全部价款和价外费用为销售额计算应纳税额。纳税人应以取得的全部价款和价外费用，按照 5% 的预征率向不动产所在地主管地税机关预缴税款，向机构所在地主管国税机关申报纳税。

（五）一般纳税人转让其 2016 年 5 月 1 日后取得（不含自建）的不动产，适用一般计税方法，以取得的全部价款和价外费用为销售额计算应纳税额。纳税人应以取得的全部价款和价外费用扣除不动产购置原价或者取得不动产时的作价后的余额，按照 5% 的预征率向不动产所在地主管地税机关预缴税款，向机构所在地主管国税机关申报纳税。

（六）一般纳税人转让其2016年5月1日后自建的不动产，适用一般计税方法，以取得的全部价款和价外费用为销售额计算应纳税额。纳税人应以取得的全部价款和价外费用，按照5%的预征率向不动产所在地主管地税机关预缴税款，向机构所在地主管国税机关申报纳税。

第四条　小规模纳税人转让其取得的不动产，除个人转让其购买的住房外，按照以下规定缴纳增值税：

（一）小规模纳税人转让其取得（不含自建）的不动产，以取得的全部价款和价外费用扣除不动产购置原价或者取得不动产时的作价后的余额为销售额，按照5%的征收率计算应纳税额。

（二）小规模纳税人转让其自建的不动产，以取得的全部价款和价外费用为销售额，按照5%的征收率计算应纳税额。

除其他个人之外的小规模纳税人，应按照本条规定的计税方法向不动产所在地主管地税机关预缴税款，向机构所在地主管国税机关申报纳税；其他个人按照本条规定的计税方法向不动产所在地主管地税机关申报纳税。

第五条　个人转让其购买的住房，按照以下规定缴纳增值税：

（一）个人转让其购买的住房，按照有关规定全额缴纳增值税的，以取得的全部价款和价外费用为销售额，按照5%的征收率计算应纳税额。

（二）个人转让其购买的住房，按照有关规定差额缴纳增值税的，以取得的全部价款和价外费用扣除购买住房价款后的余额为销售额，按照5%的征收率计算应纳税额。

个体工商户应按照本条规定的计税方法向住房所在地主管地税机关预缴税款，向机构所在地主管国税机关申报纳税；其他个人应按照本条规定的计税方法向住房所在地主管地税机关申报纳税。

第六条　其他个人以外的纳税人转让其取得的不动产，区分以下情形计算应向不动产所在地主管地税机关预缴的税款：

（一）以转让不动产取得的全部价款和价外费用作为预缴税款计算依据的，计算公式为：

应预缴税款＝全部价款和价外费用÷（1＋5%）×5%

（二）以转让不动产取得的全部价款和价外费用扣除不动产购置原价或者取得不动产时的作价后的余额作为预缴税款计算依据的，计算公式为：

应预缴税款＝（全部价款和价外费用－不动产购置原价或者取得不动产时的作价）÷（1＋5%）×5%

第七条　其他个人转让其取得的不动产，按照本办法第六条规定的计算方法计算应纳税额并向不动产所在地主管地税机关申报纳税。

第八条 纳税人按规定从取得的全部价款和价外费用中扣除不动产购置原价或者取得不动产时的作价的，应当取得符合法律、行政法规和国家税务总局规定的合法有效凭证。否则，不得扣除。

上述凭证是指：

（一）税务部门监制的发票。

（二）法院判决书、裁定书、调解书，以及仲裁裁决书、公证债权文书。

（三）国家税务总局规定的其他凭证。

第九条 纳税人转让其取得的不动产，向不动产所在地主管地税机关预缴的增值税税款，可以在当期增值税应纳税额中抵减，抵减不完的，结转下期继续抵减。

纳税人以预缴税款抵减应纳税额，应以完税凭证作为合法有效凭证。

第十条 小规模纳税人转让其取得的不动产，不能自行开具增值税发票的，可向不动产所在地主管地税机关申请代开。

第十一条 纳税人向其他个人转让其取得的不动产，不得开具或申请代开增值税专用发票。

第十二条 纳税人转让不动产，按照本办法规定应向不动产所在地主管地税机关预缴税款而自应当预缴之月起超过6个月没有预缴税款的，由机构所在地主管国税机关按照《中华人民共和国税收征收管理法》及相关规定进行处理。

纳税人转让不动产，未按照本办法规定缴纳税款的，由主管税务机关按照《中华人民共和国税收征收管理法》及相关规定进行处理。

附录6

国家税务总局
关于发布《不动产进项税额分期抵扣暂行办法》的公告

国家税务总局公告2016年第15号

国家税务总局制定了《不动产进项税额分期抵扣暂行办法》，现予以公布，自2016年5月1日起施行。

特此公告。

国家税务总局

2016年3月31日

不动产进项税额分期抵扣暂行办法

第一条　根据《财政部　国家税务总局关于全面推开营业税改征增值税试点的通知》（财税［2016］36 号）及现行增值税有关规定，制定本办法。

第二条　增值税一般纳税人（以下称纳税人）2016 年 5 月 1 日后取得并在会计制度上按固定资产核算的不动产，以及 2016 年 5 月 1 日后发生的不动产在建工程，其进项税额应按照本办法有关规定分 2 年从销项税额中抵扣，第一年抵扣比例为 60%，第二年抵扣比例为 40%。

取得的不动产，包括以直接购买、接受捐赠、接受投资入股以及抵债等各种形式取得的不动产。

纳税人新建、改建、扩建、修缮、装饰不动产，属于不动产在建工程。

房地产开发企业自行开发的房地产项目，融资租入的不动产，以及在施工现场修建的临时建筑物、构筑物，其进项税额不适用上述分 2 年抵扣的规定。

第三条　纳税人 2016 年 5 月 1 日后购进货物和设计服务、建筑服务，用于新建不动产，或者用于改建、扩建、修缮、装饰不动产并增加不动产原值超过 50% 的，其进项税额依照本办法有关规定分 2 年从销项税额中抵扣。

不动产原值，是指取得不动产时的购置原价或作价。

上述分 2 年从销项税额中抵扣的购进货物，是指构成不动产实体的材料和设备，包括建筑装饰材料和给排水、采暖、卫生、通风、照明、通讯、煤气、消防、中央空调、电梯、电气、智能化楼宇设备及配套设施。

第四条　纳税人按照本办法规定从销项税额中抵扣进项税额，应取得 2016 年 5 月 1 日后开具的合法有效的增值税扣税凭证。

上述进项税额中，60% 的部分于取得扣税凭证的当期从销项税额中抵扣；40% 的部分为待抵扣进项税额，于取得扣税凭证的当月起第 13 个月从销项税额中抵扣。

第五条　购进时已全额抵扣进项税额的货物和服务，转用于不动产在建工程的，其已抵扣进项税额的 40% 部分，应于转用的当期从进项税额中扣减，计入待抵扣进项税额，并于转用的当月起第 13 个月从销项税额中抵扣。

第六条　纳税人销售其取得的不动产或者不动产在建工程时，尚未抵扣完毕的待抵扣进项税额，允许于销售的当期从销项税额中抵扣。

第七条　已抵扣进项税额的不动产，发生非正常损失，或者改变用途，专用于简易计税方法计税项目、免征增值税项目、集体福利或者个人消费的，按照下列公式计算不得抵扣的进项税额：

不得抵扣的进项税额 = （已抵扣进项税额 + 待抵扣进项税额） × 不动产净值率

不动产净值率 = （不动产净值 ÷ 不动产原值） × 100%

不得抵扣的进项税额小于或等于该不动产已抵扣进项税额的，应于该不动产改变用途的当期，将不得抵扣的进项税额从进项税额中扣减。

不得抵扣的进项税额大于该不动产已抵扣进项税额的，应于该不动产改变用途的当期，将已抵扣进项税额从进项税额中扣减，并从该不动产待抵扣进项税额中扣减不得抵扣进项税额与已抵扣进项税额的差额。

第八条 不动产在建工程发生非正常损失的，其所耗用的购进货物、设计服务和建筑服务已抵扣的进项税额应于当期全部转出；其待抵扣进项税额不得抵扣。

第九条 按照规定不得抵扣进项税额的不动产，发生用途改变，用于允许抵扣进项税额项目的，按照下列公式在改变用途的次月计算可抵扣进项税额。

可抵扣进项税额 = 增值税扣税凭证注明或计算的进项税额 × 不动产净值率

依照本条规定计算的可抵扣进项税额，应取得 2016 年 5 月 1 日后开具的合法有效的增值税扣税凭证。

按照本条规定计算的可抵扣进项税额，60% 的部分于改变用途的次月从销项税额中抵扣，40% 的部分为待抵扣进项税额，于改变用途的次月起第 13 个月从销项税额中抵扣。

第十条 纳税人注销税务登记时，其尚未抵扣完毕的待抵扣进项税额于注销清算的当期从销项税额中抵扣。

第十一条 待抵扣进项税额记入“应交税金—待抵扣进项税额”科目核算，并于可抵扣当期转入“应交税金—应交增值税（进项税额）”科目。

对不同的不动产和不动产在建工程，纳税人应分别核算其待抵扣进项税额。

第十二条 纳税人分期抵扣不动产的进项税额，应据实填报增值税纳税申报表附列资料。

第十三条 纳税人应建立不动产和不动产在建工程台账，分别记录并归集不动产和不动产在建工程的成本、费用、扣税凭证及进项税额抵扣情况，留存备查。

用于简易计税方法计税项目、免征增值税项目、集体福利或者个人消费的不动产和不动产在建工程，也应在纳税人建立的台账中记录。

第十四条 纳税人未按照本办法有关规定抵扣不动产和不动产在建工程进项税额的，主管税务机关应按照《中华人民共和国税收征收管理法》及有关规定进行处理。

附录7

国家税务总局
关于发布《纳税人提供不动产经营租赁服务增值税征收管理暂行办法》的公告

国家税务总局公告2016年第16号

国家税务总局制定了《纳税人提供不动产经营租赁服务增值税征收管理暂行办法》，现予以公布，自2016年5月1日起施行。

特此公告。

国家税务总局
2016年3月31日

纳税人提供不动产经营租赁服务增值税征收管理暂行办法

第一条　根据《财政部　国家税务总局关于全面推开营业税改征增值税试点的通知》（财税［2016］36号）及现行增值税有关规定，制定本办法。

第二条　纳税人以经营租赁方式出租其取得的不动产（以下简称出租不动产），适用本办法。

取得的不动产，包括以直接购买、接受捐赠、接受投资入股、自建以及抵债等各种形式取得的不动产。

纳税人提供道路通行服务不适用本办法。

第三条　一般纳税人出租不动产，按照以下规定缴纳增值税：

（一）一般纳税人出租其2016年4月30日前取得的不动产，可以选择适用简易计税方法，按照5%的征收率计算应纳税额。

不动产所在地与机构所在地不在同一县（市、区）的，纳税人应按照上述计税方法向不动产所在地主管国税机关预缴税款，向机构所在地主管国税机关申报纳税。

不动产所在地与机构所在地在同一县（市、区）的，纳税人向机构所在地主管国税机关申报纳税。

（二）一般纳税人出租其2016年5月1日后取得的不动产，适用一般计税方法计税。

不动产所在地与机构所在地不在同一县（市、区）的，纳税人应按照3%的预征率向不动产所在地主管国税机关预缴税款，向机构所在地主管国税机关申报纳税。

不动产所在地与机构所在地在同一县（市、区）的，纳税人应向机构所在地主管国税机关申报纳税。

一般纳税人出租其2016年4月30日前取得的不动产适用一般计税方法计税的，按照上述规定执行。

第四条 小规模纳税人出租不动产，按照以下规定缴纳增值税：

（一）单位和个体工商户出租不动产（不含个体工商户出租住房），按照5%的征收率计算应纳税额。个体工商户出租住房，按照5%的征收率减按1.5%计算应纳税额。

不动产所在地与机构所在地不在同一县（市、区）的，纳税人应按照上述计税方法向不动产所在地主管国税机关预缴税款，向机构所在地主管国税机关申报纳税。

不动产所在地与机构所在地在同一县（市、区）的，纳税人应向机构所在地主管国税机关申报纳税。

（二）其他个人出租不动产（不含住房），按照5%的征收率计算应纳税额，向不动产所在地主管地税机关申报纳税。其他个人出租住房，按照5%的征收率减按1.5%计算应纳税额，向不动产所在地主管地税机关申报纳税。

第五条 纳税人出租的不动产所在地与其机构所在地在同一直辖市或计划单列市但不在同一县（市、区）的，由直辖市或计划单列市国家税务局决定是否在不动产所在地预缴税款。

第六条 纳税人出租不动产，按照本办法规定需要预缴税款的，应在取得租金的次月纳税申报期或不动产所在地主管国税机关核定的纳税期限预缴税款。

第七条 预缴税款的计算

（一）纳税人出租不动产适用一般计税方法计税的，按照以下公式计算应预缴税款：

应预缴税款＝含税销售额÷（1＋11%）×3%

（二）纳税人出租不动产适用简易计税方法计税的，除个人出租住房外，按照以下公式计算应预缴税款：

应预缴税款＝含税销售额÷（1＋5%）×5%

（三）个体工商户出租住房，按照以下公式计算应预缴税款：

应预缴税款＝含税销售额÷（1＋5%）×1.5%

第八条 其他个人出租不动产，按照以下公式计算应纳税款：

（一）出租住房：

应纳税款 = 含税销售额 ÷（1 + 5%）× 1.5%

（二）出租非住房：

应纳税款 = 含税销售额 ÷（1 + 5%）× 5%

第九条 单位和个体工商户出租不动产，按照本办法规定向不动产所在地主管国税机关预缴税款时，应填写《增值税预缴税款表》。

第十条 单位和个体工商户出租不动产，向不动产所在地主管国税机关预缴的增值税款，可以在当期增值税应纳税额中抵减，抵减不完的，结转下期继续抵减。

纳税人以预缴税款抵减应纳税额，应以完税凭证作为合法有效凭证。

第十一条 小规模纳税人中的单位和个体工商户出租不动产，不能自行开具增值税发票的，可向不动产所在地主管国税机关申请代开增值税发票。

其他个人出租不动产，可向不动产所在地主管地税机关申请代开增值税发票。

第十二条 纳税人向其他个人出租不动产，不得开具或申请代开增值税专用发票。

第十三条 纳税人出租不动产，按照本办法规定应向不动产所在地主管国税机关预缴税款而自应当预缴之月起超过6个月没有预缴税款的，由机构所在地主管国税机关按照《中华人民共和国税收征收管理法》及相关规定进行处理。

纳税人出租不动产，未按照本办法规定缴纳税款的，由主管税务机关按照《中华人民共和国税收征收管理法》及相关规定进行处理。

附录 8

国家税务总局
关于发布《纳税人跨县（市、区）提供建筑服务增值税征收管理暂行办法》的公告

国家税务总局公告 2016 年第 17 号

国家税务总局制定了《跨县（市、区）提供建筑服务增值税征收管理暂行

办法》，现予以公布，自2016年5月1日起施行。

特此公告。

国家税务总局

2016年3月31日

纳税人跨县（市、区）提供建筑服务增值税征收管理暂行办法

第一条 根据《财政部 国家税务总局关于全面推开营业税改征增值税试点的通知》（财税［2016］36号）及现行增值税有关规定，制定本办法。

第二条 本办法所称跨县（市、区）提供建筑服务，是指单位和个体工商户（以下简称纳税人）在其机构所在地以外的县（市、区）提供建筑服务。

纳税人在同一直辖市、计划单列市范围内跨县（市、区）提供建筑服务的，由直辖市、计划单列市国家税务局决定是否适用本办法。

其他个人跨县（市、区）提供建筑服务，不适用本办法。

第三条 纳税人跨县（市、区）提供建筑服务，应按照财税［2016］36号文件规定的纳税义务发生时间和计税方法，向建筑服务发生地主管国税机关预缴税款，向机构所在地主管国税机关申报纳税。

《建筑工程施工许可证》未注明合同开工日期，但建筑工程承包合同注明的开工日期在2016年4月30日前的建筑工程项目，属于财税［2016］36号文件规定的可以选择简易计税方法计税的建筑工程老项目。

第四条 纳税人跨县（市、区）提供建筑服务，按照以下规定预缴税款：

（一）一般纳税人跨县（市、区）提供建筑服务，适用一般计税方法计税的，以取得的全部价款和价外费用扣除支付的分包款后的余额，按照2%的预征率计算应预缴税款。

（二）一般纳税人跨县（市、区）提供建筑服务，选择适用简易计税方法计税的，以取得的全部价款和价外费用扣除支付的分包款后的余额，按照3%的征收率计算应预缴税款。

（三）小规模纳税人跨县（市、区）提供建筑服务，以取得的全部价款和价外费用扣除支付的分包款后的余额，按照3%的征收率计算应预缴税款。

第五条 纳税人跨县（市、区）提供建筑服务，按照以下公式计算应预缴税款：

（一）适用一般计税方法计税的，应预缴税款=（全部价款和价外费用－支

付的分包款）÷（1+11%）×2%

（二）适用简易计税方法计税的，应预缴税款=（全部价款和价外费用－支付的分包款）÷（1+3%）×3%

纳税人取得的全部价款和价外费用扣除支付的分包款后的余额为负数的，可结转下次预缴税款时继续扣除。

纳税人应按照工程项目分别计算应预缴税款，分别预缴。

第六条　纳税人按照上述规定从取得的全部价款和价外费用中扣除支付的分包款，应当取得符合法律、行政法规和国家税务总局规定的合法有效凭证，否则不得扣除。

上述凭证是指：

（一）从分包方取得的2016年4月30日前开具的建筑业营业税发票。

上述建筑业营业税发票在2016年6月30日前可作为预缴税款的扣除凭证。

（二）从分包方取得的2016年5月1日后开具的，备注栏注明建筑服务发生地所在县（市、区）、项目名称的增值税发票。

（三）国家税务总局规定的其他凭证。

第七条　纳税人跨县（市、区）提供建筑服务，在向建筑服务发生地主管国税机关预缴税款时，需提交以下资料：

（一）《增值税预缴税款表》；

（二）与发包方签订的建筑合同原件及复印件；

（三）与分包方签订的分包合同原件及复印件；

（四）从分包方取得的发票原件及复印件。

第八条　纳税人跨县（市、区）提供建筑服务，向建筑服务发生地主管国税机关预缴的增值税税款，可以在当期增值税应纳税额中抵减，抵减不完的，结转下期继续抵减。

纳税人以预缴税款抵减应纳税额，应以完税凭证作为合法有效凭证。

第九条　小规模纳税人跨县（市、区）提供建筑服务，不能自行开具增值税发票的，可向建筑服务发生地主管国税机关按照其取得的全部价款和价外费用申请代开增值税发票。

第十条　对跨县（市、区）提供的建筑服务，纳税人应自行建立预缴税款台账，区分不同县（市、区）和项目逐笔登记全部收入、支付的分包款、已扣除的分包款、扣除分包款的发票号码、已预缴税款以及预缴税款的完税凭证号码等相关内容，留存备查。

第十一条　纳税人跨县（市、区）提供建筑服务预缴税款时间，按照财税［2016］36号文件规定的纳税义务发生时间和纳税期限执行。

第十二条 纳税人跨县（市、区）提供建筑服务，按照本办法应向建筑服务发生地主管国税机关预缴税款而自应当预缴之月起超过6个月没有预缴税款的，由机构所在地主管国税机关按照《中华人民共和国税收征收管理法》及相关规定进行处理。

纳税人跨县（市、区）提供建筑服务，未按照本办法缴纳税款的，由机构所在地主管国税机关按照《中华人民共和国税收征收管理法》及相关规定进行处理。

附录9

国家税务总局
关于发布《房地产开发企业销售自行开发的房地产项目增值税征收管理暂行办法》的公告

国家税务总局公告2016年第18号

国家税务总局制定了《房地产开发企业销售自行开发的房地产项目增值税征收管理暂行办法》，现予以公布，自2016年5月1日起施行。

特此公告。

国家税务总局

2016年3月31日

房地产开发企业销售自行开发的房地产项目增值税征收管理暂行办法

第一章 适用范围

第一条 根据《财政部 国家税务总局关于全面推开营业税改征增值税试点的通知》（财税［2016］36号）及现行增值税有关规定，制定本办法。

第二条 房地产开发企业销售自行开发的房地产项目，适用本办法。

自行开发，是指在依法取得土地使用权的土地上进行基础设施和房屋建设。

第三条　房地产开发企业以接盘等形式购入未完工的房地产项目继续开发后，以自己的名义立项销售的，属于本办法规定的销售自行开发的房地产项目。

第二章　一般纳税人征收管理

第一节　销售额

第四条　房地产开发企业中的一般纳税人（以下简称一般纳税人）销售自行开发的房地产项目，适用一般计税方法计税，按照取得的全部价款和价外费用，扣除当期销售房地产项目对应的土地价款后的余额计算销售额。销售额的计算公式如下：

销售额 =（全部价款和价外费用 − 当期允许扣除的土地价款）÷（1 + 11%）

第五条　当期允许扣除的土地价款按照以下公式计算：

当期允许扣除的土地价款 =（当期销售房地产项目建筑面积 ÷ 房地产项目可供销售建筑面积）× 支付的土地价款

当期销售房地产项目建筑面积，是指当期进行纳税申报的增值税销售额对应的建筑面积。

房地产项目可供销售建筑面积，是指房地产项目可以出售的总建筑面积，不包括销售房地产项目时未单独作价结算的配套公共设施的建筑面积。

支付的土地价款，是指向政府、土地管理部门或受政府委托收取土地价款的单位直接支付的土地价款。

第六条　在计算销售额时从全部价款和价外费用中扣除土地价款，应当取得省级以上（含省级）财政部门监（印）制的财政票据。

第七条　一般纳税人应建立台账登记土地价款的扣除情况，扣除的土地价款不得超过纳税人实际支付的土地价款。

第八条　一般纳税人销售自行开发的房地产老项目，可以选择适用简易计税方法按照5%的征收率计税。一经选择简易计税方法计税的，36个月内不得变更为一般计税方法计税。

房地产老项目，是指：

（一）《建筑工程施工许可证》注明的合同开工日期在2016年4月30日前的房地产项目；

（二）《建筑工程施工许可证》未注明合同开工日期或者未取得《建筑工程施工许可证》但建筑工程承包合同注明的开工日期在2016年4月30日前的建筑

工程项目。

第九条 一般纳税人销售自行开发的房地产老项目适用简易计税方法计税的，以取得的全部价款和价外费用为销售额，不得扣除对应的土地价款。

第二节 预缴税款

第十条 一般纳税人采取预收款方式销售自行开发的房地产项目，应在收到预收款时按照3%的预征率预缴增值税。

第十一条 应预缴税款按照以下公式计算：

应预缴税款 = 预收款 ÷（1 + 适用税率或征收率）×3%

适用一般计税方法计税的，按照11%的适用税率计算；适用简易计税方法计税的，按照5%的征收率计算。

第十二条 一般纳税人应在取得预收款的次月纳税申报期向主管国税机关预缴税款。

第三节 进项税额

第十三条 一般纳税人销售自行开发的房地产项目，兼有一般计税方法计税、简易计税方法计税、免征增值税的房地产项目而无法划分不得抵扣的进项税额的，应以《建筑工程施工许可证》注明的“建设规模”为依据进行划分。

不得抵扣的进项税额 = 当期无法划分的全部进项税额 ×（简易计税、免税房地产项目建设规模 ÷ 房地产项目总建设规模）

第四节 纳税申报

第十四条 一般纳税人销售自行开发的房地产项目适用一般计税方法计税的，应按照《营业税改征增值税试点实施办法》（财税［2016］36号文件印发，以下简称《试点实施办法》）第四十五条规定的纳税义务发生时间，以当期销售额和11%的适用税率计算当期应纳税额，抵减已预缴税款后，向主管国税机关申报纳税。未抵减完的预缴税款可以结转下期继续抵减。

第十五条 一般纳税人销售自行开发的房地产项目适用简易计税方法计税的，应按照《试点实施办法》第四十五条规定的纳税义务发生时间，以当期销售额和5%的征收率计算当期应纳税额，抵减已预缴税款后，向主管国税机关申报纳税。未抵减完的预缴税款可以结转下期继续抵减。

第五节 发票开具

第十六条 一般纳税人销售自行开发的房地产项目，自行开具增值税发票。

第十七条　一般纳税人销售自行开发的房地产项目，其2016年4月30日前收取并已向主管地税机关申报缴纳营业税的预收款，未开具营业税发票的，可以开具增值税普通发票，不得开具增值税专用发票。

第十八条　一般纳税人向其他个人销售自行开发的房地产项目，不得开具增值税专用发票。

第三章　小规模纳税人征收管理

第一节　预缴税款

第十九条　房地产开发企业中的小规模纳税人（以下简称小规模纳税人）采取预收款方式销售自行开发的房地产项目，应在收到预收款时按照3%的预征率预缴增值税。

第二十条　应预缴税款按照以下公式计算：

应预缴税款＝预收款÷（1＋5%）×3%

第二十一条　小规模纳税人应在取得预收款的次月纳税申报期或主管国税机关核定的纳税期限向主管国税机关预缴税款。

第二节　纳税申报

第二十二条　小规模纳税人销售自行开发的房地产项目，应按照《试点实施办法》第四十五条规定的纳税义务发生时间，以当期销售额和5%的征收率计算当期应纳税额，抵减已预缴税款后，向主管国税机关申报纳税。未抵减完的预缴税款可以结转下期继续抵减。

第三节　发票开具

第二十三条　小规模纳税人销售自行开发的房地产项目，自行开具增值税普通发票。购买方需要增值税专用发票的，小规模纳税人向主管国税机关申请代开。

第二十四条　小规模纳税人销售自行开发的房地产项目，其2016年4月30日前收取并已向主管地税机关申报缴纳营业税的预收款，未开具营业税发票的，可以开具增值税普通发票，不得申请代开增值税专用发票。

第二十五条　小规模纳税人向其他个人销售自行开发的房地产项目，不得申请代开增值税专用发票。

第四章　其他事项

第二十六条　房地产开发企业销售自行开发的房地产项目，按照本办法规定预缴税款时，应填报《增值税预缴税款表》。

第二十七条 房地产开发企业以预缴税款抵减应纳税额，应以完税凭证作为合法有效凭证。

第二十八条 房地产开发企业销售自行开发的房地产项目，未按本办法规定预缴或缴纳税款的，由主管国税机关按照《中华人民共和国税收征收管理法》及相关规定进行处理。

附录 10

国家税务总局
关于营业税改征增值税委托地税机关代征税款和代开增值税发票的公告

国家税务总局公告 2016 年第 19 号

根据《中华人民共和国税收征收管理法》、《财政部 国家税务总局关于全面推开营业税改征增值税试点的通知》（财税［2016］36 号）和《国家税务总局关于加强国家税务局、地方税务局互相委托代征税收的通知》（税总发［2015］155 号）等有关规定，税务总局决定，营业税改征增值税后由地税机关继续受理纳税人销售其取得的不动产和其他个人出租不动产的申报缴税和代开增值税发票业务，以方便纳税人办税。

本公告自 2016 年 5 月 1 日起施行。

特此公告。

国家税务总局

2016 年 3 月 31 日

附录 11

关于营改增后契税房产税土地增值税个人所得税计税依据问题的通知

财税［2016］43号

各省、自治区、直辖市、计划单列市财政厅（局）、地方税务局，西藏、宁夏、青海省（自治区）国家税务局，新疆生产建设兵团财务局：

经研究，现将营业税改征增值税后契税、房产税、土地增值税、个人所得税计税依据有关问题明确如下：

一、计征契税的成交价格不含增值税。

二、房产出租的，计征房产税的租金收入不含增值税。

三、土地增值税纳税人转让房地产取得的收入为不含增值税收入。

《中华人民共和国土地增值税暂行条例》等规定的土地增值税扣除项目涉及的增值税进项税额，允许在销项税额中计算抵扣的，不计入扣除项目，不允许在销项税额中计算抵扣的，可以计入扣除项目。

四、个人转让房屋的个人所得税应税收入不含增值税，其取得房屋时所支付价款中包含的增值税计入财产原值，计算转让所得时可扣除的税费不包括本次转让缴纳的增值税。

个人出租房屋的个人所得税应税收入不含增值税，计算房屋出租所得可扣除的税费不包括本次出租缴纳的增值税。个人转租房屋的，其向房屋出租方支付的租金及增值税额，在计算转租所得时予以扣除。

五、免征增值税的，确定计税依据时，成交价格、租金收入、转让房地产取得的收入不扣减增值税额。

六、在计征上述税种时，税务机关核定的计税价格或收入不含增值税。

本通知自2016年5月1日起执行。

财政部　国家税务总局

2016年4月25日

附录 12

国家税务总局
关于明确营改增试点若干征管问题的公告

国家税务总局公告 2016 年第 26 号

为确保全面推开营改增试点顺利实施，现将若干税收征管问题公告如下：

一、餐饮行业增值税一般纳税人购进农业生产者自产农产品，可以使用国税机关监制的农产品收购发票，按照现行规定计算抵扣进项税额。

有条件的地区，应积极在餐饮行业推行农产品进项税额核定扣除办法，按照《财政部　国家税务总局关于在部分行业试行农产品增值税进项税额核定扣除办法的通知》（财税［2012］38 号）有关规定计算抵扣进项税额。

二、个人转让住房，在 2016 年 4 月 30 日前已签订转让合同，2016 年 5 月 1 日以后办理产权变更事项的，应缴纳增值税，不缴纳营业税。

三、按照现行规定，适用增值税差额征收政策的增值税小规模纳税人，以差额前的销售额确定是否可以享受 3 万元（按季纳税 9 万元）以下免征增值税政策。

四、营改增后，门票、过路（过桥）费发票属于予以保留的票种，自 2016 年 5 月 1 日起，由国税机关监制管理。原地税机关监制的上述两类发票，可以延用至 2016 年 6 月 30 日。

本公告自 2016 年 5 月 1 日起施行。

特此公告。

国家税务总局

2016 年 4 月 26 日

附录 13

财政部　国家税务总局
关于进一步明确全面推开营改增试点有关劳务派遣服务、收费公路通行费抵扣等政策的通知

财税［2016］47 号

各省、自治区、直辖市、计划单列市财政厅（局）、国家税务局、地方税务局，新疆生产建设兵团财务局：

经研究，现将营改增试点期间劳务派遣服务等政策补充通知如下：

一、劳务派遣服务政策

一般纳税人提供劳务派遣服务，可以按照《财政部　国家税务总局关于全面推开营业税改征增值税试点的通知》（财税［2016］36 号）的有关规定，以取得的全部价款和价外费用为销售额，按照一般计税方法计算缴纳增值税；也可以选择差额纳税，以取得的全部价款和价外费用，扣除代用工单位支付给劳务派遣员工的工资、福利和为其办理社会保险及住房公积金后的余额为销售额，按照简易计税方法依 5% 的征收率计算缴纳增值税。

小规模纳税人提供劳务派遣服务，可以按照《财政部　国家税务总局关于全面推开营业税改征增值税试点的通知》（财税［2016］36 号）的有关规定，以取得的全部价款和价外费用为销售额，按照简易计税方法依 3% 的征收率计算缴纳增值税；也可以选择差额纳税，以取得的全部价款和价外费用，扣除代用工单位支付给劳务派遣员工的工资、福利和为其办理社会保险及住房公积金后的余额为销售额，按照简易计税方法依 5% 的征收率计算缴纳增值税。

选择差额纳税的纳税人，向用工单位收取用于支付给劳务派遣员工工资、福利和为其办理社会保险及住房公积金的费用，不得开具增值税专用发票，可以开具普通发票。

劳务派遣服务，是指劳务派遣公司为了满足用工单位对于各类灵活用工的需求，将员工派遣至用工单位，接受用工单位管理并为其工作的服务。

二、收费公路通行费抵扣及征收政策

（一）2016 年 5 月 1 日至 7 月 31 日，一般纳税人支付的道路、桥、闸通行

费，暂凭取得的通行费发票（不含财政票据，下同）上注明的收费金额按照下列公式计算可抵扣的进项税额：

高速公路通行费可抵扣进项税额＝高速公路通行费发票上注明的金额÷（1＋3%）×3%

一级公路、二级公路、桥、闸通行费可抵扣进项税额＝一级公路、二级公路、桥、闸通行费发票上注明的金额÷（1＋5%）×5%

通行费，是指有关单位依法或者依规设立并收取的过路、过桥和过闸费用。

（二）一般纳税人收取试点前开工的一级公路、二级公路、桥、闸通行费，可以选择适用简易计税方法，按照5%的征收率计算缴纳增值税。

试点前开工，是指相关施工许可证注明的合同开工日期在2016年4月30日前。

三、其他政策

（一）纳税人提供人力资源外包服务，按照经纪代理服务缴纳增值税，其销售额不包括受客户单位委托代为向客户单位员工发放的工资和代理缴纳的社会保险、住房公积金。向委托方收取并代为发放的工资和代理缴纳的社会保险、住房公积金，不得开具增值税专用发票，可以开具普通发票。

一般纳税人提供人力资源外包服务，可以选择适用简易计税方法，按照5%的征收率计算缴纳增值税。

（二）纳税人以经营租赁方式将土地出租给他人使用，按照不动产经营租赁服务缴纳增值税。

纳税人转让2016年4月30日前取得的土地使用权，可以选择适用简易计税方法，以取得的全部价款和价外费用减去取得该土地使用权的原价后的余额为销售额，按照5%的征收率计算缴纳增值税。

（三）一般纳税人2016年4月30日前签订的不动产融资租赁合同，或以2016年4月30日前取得的不动产提供的融资租赁服务，可以选择适用简易计税方法，按照5%的征收率计算缴纳增值税。

（四）一般纳税人提供管道运输服务和有形动产融资租赁服务，按照《营业税改征增值税试点过渡政策的规定》（财税［2013］106号）第二条有关规定适用的增值税实际税负超过3%部分即征即退政策，在2016年1月1日至4月30日期间继续执行。

四、本通知规定的内容，除另有规定执行时间外，自2016年5月1日起执行。

财政部　国家税务总局
2016年4月30日

附录 14

财政部　国家税务总局
关于促进残疾人就业增值税优惠政策的通知

财税［2016］52 号

各省、自治区、直辖市、计划单列市财政厅（局）、国家税务局，新疆生产建设兵团财务局：

为继续发挥税收政策促进残疾人就业的作用，进一步保障残疾人权益，经国务院批准，决定对促进残疾人就业的增值税政策进行调整完善。现将有关政策通知如下：

一、对安置残疾人的单位和个体工商户（以下称纳税人），实行由税务机关按纳税人安置残疾人的人数，限额即征即退增值税的办法。

安置的每位残疾人每月可退还的增值税具体限额，由县级以上税务机关根据纳税人所在区县（含县级市、旗，下同）适用的经省（含自治区、直辖市、计划单列市，下同）人民政府批准的月最低工资标准的 4 倍确定。

二、享受税收优惠政策的条件

（一）纳税人（除盲人按摩机构外）月安置的残疾人占在职职工人数的比例不低于 25%（含 25%），并且安置的残疾人人数不少于 10 人（含 10 人）；

盲人按摩机构月安置的残疾人占在职职工人数的比例不低于 25%（含 25%），并且安置的残疾人人数不少于 5 人（含 5 人）。

（二）依法与安置的每位残疾人签订了一年以上（含一年）的劳动合同或服务协议。

（三）为安置的每位残疾人按月足额缴纳了基本养老保险、基本医疗保险、失业保险、工伤保险和生育保险等社会保险。

（四）通过银行等金融机构向安置的每位残疾人，按月支付了不低于纳税人所在区县适用的经省人民政府批准的月最低工资标准的工资。

三、《财政部　国家税务总局关于教育税收政策的通知》（财税［2004］39 号）第一条第 7 项规定的特殊教育学校举办的企业，只要符合本通知第二条第（一）项第一款规定的条件，即可享受本通知第一条规定的增值税优惠政策。这类企业在计算残疾人人数时可将在企业上岗工作的特殊教育学校的全日制在校学生计算在内，在计算企业在职职工人数时也要将上述学生计算在内。

四、纳税人中纳税信用等级为税务机关评定的C级或D级的，不得享受本通知第一条、第三条规定的政策。

五、纳税人按照纳税期限向主管国税机关申请退还增值税。本纳税期已交增值税额不足退还的，可在本纳税年度内以前纳税期已交增值税扣除已退增值税的余额中退还，仍不足退还的可结转本纳税年度内以后纳税期退还，但不得结转以后年度退还。纳税期限不为按月的，只能对其符合条件的月份退还增值税。

六、本通知第一条规定的增值税优惠政策仅适用于生产销售货物，提供加工、修理修配劳务，以及提供营改增现代服务和生活服务税目（不含文化体育服务和娱乐服务）范围的服务取得的收入之和，占其增值税收入的比例达到50%的纳税人，但不适用于上述纳税人直接销售外购货物（包括商品批发和零售）以及销售委托加工的货物取得的收入。

纳税人应当分别核算上述享受税收优惠政策和不得享受税收优惠政策业务的销售额，不能分别核算的，不得享受本通知规定的优惠政策。

七、如果既适用促进残疾人就业增值税优惠政策，又适用重点群体、退役士兵、随军家属、军转干部等支持就业的增值税优惠政策的，纳税人可自行选择适用的优惠政策，但不能累加执行。一经选定，36个月内不得变更。

八、残疾人个人提供的加工、修理修配劳务，免征增值税。

九、税务机关发现已享受本通知增值税优惠政策的纳税人，存在不符合本通知第二条、第三条规定条件，或者采用伪造或重复使用残疾人证、残疾军人证等手段骗取本通知规定的增值税优惠的，应将纳税人发生上述违法违规行为的纳税期内按本通知已享受到的退税全额追缴入库，并自发现当月起36个月内停止其享受本通知规定的各项税收优惠。

十、本通知有关定义

（一）残疾人，是指法定劳动年龄内，持有《中华人民共和国残疾人证》或者《中华人民共和国残疾军人证（1至8级）》的自然人，包括具有劳动条件和劳动意愿的精神残疾人。

（二）残疾人个人，是指自然人。

（三）在职职工人数，是指与纳税人建立劳动关系并依法签订劳动合同或者服务协议的雇员人数。

（四）特殊教育学校举办的企业，是指特殊教育学校主要为在校学生提供实习场所、并由学校出资自办、由学校负责经营管理、经营收入全部归学校所有的企业。

十一、本通知规定的增值税优惠政策的具体征收管理办法，由国家税务总局制定。

十二、本通知自2016年5月1日起执行，《财政部 国家税务总局关于促进残疾人就业税收优惠政策的通知》（财税［2007］92号）、《财政部 国家税务总局关于将铁路运输和邮政业纳入营业税改征增值税试点的通知》（财税［2013］106号）附件3第二条第（二）项同时废止。纳税人2016年5月1日前执行财税［2007］92号和财税［2013］106号文件发生的应退未退的增值税余额，可按照本通知第五条规定执行。

财政部 国家税务总局

2016年5月5日

附录15

关于增值税会计处理的规定

（征求意见稿）

根据《中华人民共和国增值税暂行条例》和《关于全面推开营业税改征增值税试点的通知》等有关规定，现对增值税有关会计处理规定如下：

一、会计科目及专栏设置

增值税一般纳税人应当在“应交税费”科目下设置“应交增值税”、“未交增值税”“预缴增值税”“待抵扣进项税额”“待认证进项税额”“待转销项税额”等明细科目。

（一）增值税一般纳税人应在“应交增值税”明细账内设置“进项税额”“销项税额抵减”“已交税金”“转出未交增值税”“减免税款”“销项税额”“出口退税”“进项税额转出”“转出多交增值税”“简易计税”等专栏。其中：

1.“进项税额”专栏，记录一般纳税人购进货物、加工修理修配劳务、服务、无形资产或不动产而支付或负担的、准予从销项税额中抵扣的增值税额；

2.“销项税额抵减”专栏，记录一般纳税人按照现行增值税制度规定因扣减销售额而减少的销项税额；

3.“已交税金”专栏，记录一般纳税人已交纳的当月应交增值税额；

4. “转出未交增值税”和“转出多交增值税”专栏，分别记录一般纳税人月度终了转出当月应交未交或多交的增值税额；

5. “减免税款”专栏，记录一般纳税人按现行增值税制度规定准予减免的增值税额；

6. “销项税额”专栏，记录一般纳税人销售货物、加工修理修配劳务、服务、无形资产或不动产应收取的增值税额，以及从境外单位或个人购进服务、无形资产或不动产应扣缴的增值税额；

7. “出口退税”专栏，记录一般纳税人出口产品按规定退回的增值税额；

8. “进项税额转出”专栏，记录一般纳税人购进货物、加工修理修配劳务、服务、无形资产或不动产等发生非正常损失以及其他原因而不应从销项税额中抵扣，按规定转出的进项税额；

9. “简易计税”专栏，记录一般纳税人采用简易计税方法应交纳的增值税额。

（二）“未交增值税”明细科目，核算一般纳税人月度终了从“应交增值税”或“预缴增值税”明细科目转入当月应交未交、多交或预缴的增值税额，以及当月交纳以前期间未交的增值税额。

（三）“预缴增值税”明细科目，核算一般纳税人转让不动产、提供不动产经营租赁服务、提供建筑服务、采用预收款方式销售自行开发的房地产项目等，按现行增值税制度规定应预缴的增值税额。

（四）“待抵扣进项税额”明细科目，核算一般纳税人已取得增值税扣税凭证并经税务机关认证，按照现行增值税制度规定准予以后期间从销项税额中抵扣的进项税额。包括：一般纳税人自 2016 年 5 月 1 日后取得并按固定资产核算的不动产或者 2016 年 5 月 1 日后取得的不动产在建工程，按现行增值税制度规定准予以后期间从销项税额中抵扣的进项税额；实行纳税辅导期管理的一般纳税人取得的尚未交叉稽核比对的增值税扣税凭证上注明或计算的进项税额。

（五）“待认证进项税额”明细科目，核算一般纳税人由于未取得增值税扣税凭证或未经税务机关认证而不得从当期销项税额中抵扣的进项税额。包括：一般纳税人已取得增值税扣税凭证、按照现行增值税制度规定准予从销项税额中抵扣，但尚未经税务机关认证的进项税额；一般纳税人取得货物等已入账，但由于尚未收到相关增值税扣税凭证而不得从当期销项税额中抵扣的进项税额。

（六）“待转销项税额”明细科目，核算一般纳税人销售货物、加工修理修配劳务、服务、无形资产或不动产，已确认相关收入（或利得）但尚未发生增值税纳税义务而需于以后期间确认为销项税额的增值税额。

小规模纳税人只需在“应交税费”科目下设置“应交增值税”明细科目，

不需要设置上述专栏。

二、账务处理

（一）取得资产或接收劳务等业务的账务处理

1. 采购等业务进项税额允许抵扣的账务处理。一般纳税人购进货物、加工修理修配劳务、服务、无形资产，按应计入相关成本费用的金额，借记“在途物资”或“原材料”“库存商品”“生产成本”“无形资产”“固定资产”“管理费用”等科目，按可抵扣的增值税额，借记“应交税费——应交增值税（进项税额）”科目，按应付或实际支付的金额，贷记“应付账款”“应付票据”“银行存款”等科目。发生退货的，应根据税务机关开具的红字增值税专用发票做相反的会计分录。

2. 采购等业务进项税额不得抵扣的账务处理。一般纳税人购进货物、加工修理修配劳务、服务、无形资产或不动产，用于简易计税方法计税项目、免征增值税项目、集体福利或个人消费等，其进项税额按照现行增值税制度规定不得从销项税额中抵扣的，应计入相关成本费用，不通过“应交税费——应交增值税（进项税额）”科目核算。

3. 购进不动产或不动产在建工程按规定进项税额分年抵扣的账务处理。一般纳税人自2016年5月1日后取得并按固定资产核算的不动产或者2016年5月1日后取得的不动产在建工程，其进项税额按现行增值税制度规定自取得之日起分2年从销项税额中抵扣的，应当按取得成本，借记“固定资产”、“在建工程”等科目，按当期可抵扣的增值税额，借记“应交税费——应交增值税（进项税额）”科目，按以后期间可抵扣的增值税额，借记“应交税费——待抵扣进项税额”科目，按应付或实际支付的金额，贷记“应付账款”、“应付票据”、“银行存款”等科目。尚未抵扣的进项税额待以后期间允许抵扣时，按允许抵扣的金额，借记“应交税费——应交增值税（进项税额）”科目，贷记“应交税费——待抵扣进项税额”科目。

4. 货物等已验收入库但尚未取得增值税扣税凭证的账务处理。购进的货物等已到达并验收入库，但尚未收到增值税扣税凭证的，应按货物清单或相关合同协议上的价格暂估入账。按应计入相关成本费用的金额，借记“原材料”、“库存商品”、“无形资产”、“固定资产”等科目，按未来可抵扣的增值税额，借记“应交税费——待认证进项税额”科目，按应付或实际支付的金额，贷记“应付账款”、“应付票据”、“银行存款”等科目。待取得相关增值税扣税凭证并经认证后，借记“应交税费——应交增值税（进项税额）”或“应交税费——待抵扣进项税额”科目，贷记“应交税费——待认证进项税额”科目。

5. 购买方作为扣缴义务人的账务处理。按照现行增值税制度规定，境外单位或个人在境内发生应税行为，在境内未设有经营机构的，以购买方为增值税扣缴义务人。境内一般纳税人购进服务、无形资产或不动产，按应计入相关成本费用的金额，借记“生产成本”、“无形资产”、“固定资产”、“管理费用”等科目，按可抵扣的增值税额，借记“应交税费——待认证进项税额”科目，按应付或实际支付的金额，贷记“应付账款”等科目，按应代扣缴的增值税额，贷记“应交税费——应交增值税（销项税额）”科目。购买方代扣代缴增值税取得解缴税款的完税凭证时，按代扣缴的增值税额，借记“应交税费——应交增值税（已交税金）”科目，贷记“银行存款”科目；同时，按完税凭证上注明的增值税额，借记“应交税费——应交增值税（进项税额）”或“应交税费——待抵扣进项税额”科目，贷记“应交税费——待认证进项税额”科目。

6. 小规模纳税人采购等业务的账务处理。小规模纳税人购买物资、服务、无形资产或不动产，取得增值税专用发票上注明的增值税应计入相关成本费用，不通过“应交税费——应交增值税”核算。

（二）销售等业务的账务处理。

1. 销售业务的账务处理。企业销售货物、加工修理修配劳务、服务、无形资产或不动产，应当按应收或已收的金额，借记“应收账款”、“应收票据”、“银行存款”等科目，按取得的收入金额，贷记“主营业务收入”、“其他业务收入”、“固定资产清理”等科目，按现行增值税制度规定计算的销项税额（或采用简易计税方法计算的应纳增值税额），贷记“应交税费——应交增值税（销项税额或简易计税）”科目（小规模纳税人应贷记“应交税费——应交增值税”科目）。发生销售退回的，应根据税务机关开具的红字增值税专用发票做相反的会计分录。会计上收入或利得确认时点先于增值税纳税义务发生时点的，应将相关销项税额计入“应交税费——待转销项税额”科目，待实际发生纳税义务时再转入“应交税费——应交增值税（销项税额或简易计税）”科目。

2. 视同销售的账务处理。企业发生现行增值税制度规定视同销售的行为，应当按照国家统一的会计制度进行相应的会计处理，并按照现行增值税制度规定计算的销项税额（或采用简易计税方法计算的应纳增值税额），借记“应付职工薪酬”、“利润分配”等科目，贷记“应交税费——应交增值税（销项税额或简易计税）”科目（小规模纳税人应计入“应交税费——应交增值税”科目）。

（三）差额征税的账务处理。

1. 企业发生相关成本费用允许扣减销售额的账务处理。按现行增值税制度规定企业发生相关成本费用允许扣减销售额的，应当按减少的销项税额，借记“应交税费——应交增值税（销项税额抵减）”科目（小规模纳税人应借记“应交税费——应交增值税”科目），按应付或实际支付的金额与上述增值税额的差额，借记“主营业务成本”等科目，按应付或实际支付的金额，贷记“应付账款”、“应付票据”、“银行存款”等科目。

2. 金融商品转让按规定以盈亏相抵后的余额作为销售额的账务处理。对于金融商品转让，可以先将含税金额一并计入“投资收益”科目；待期末一次性进行调整，借记“投资收益”科目，贷记“应交税费——应交增值税（销项税额）”科目（小规模纳税人应贷记“应交税费——应交增值税”科目）。金融商品转让盈亏相抵后出现负差，按现行增值税制度规定可结转下一纳税期与下期转让金融商品销售额相抵的，企业应在账外备查登记。

（四）出口退税的账务处理。

出口产品按规定退税的，借记“其他应收款”科目，贷记“应交税费——应交增值税（出口退税）”科目（小规模纳税人应贷记“应交税费——应交增值税”科目）。

（五）进项税额抵扣情况发生改变的账务处理。

因发生非正常损失或改变用途等，原已计入进项税额但按现行增值税制度规定不得从销项税额中抵扣的，借记“待处理财产损溢”、“应付职工薪酬”等科目，贷记“应交税费——应交增值税（进项税额转出）”、“应交税费——待抵扣进项税额”或“应交税费——待认证进项税额”科目。

原不得抵扣且未抵扣进项税额的固定资产、无形资产等，因改变用途等用于允许抵扣进项税额的应税项目的，应当在用途改变的次月调整相关资产账面价值，按允许抵扣的进项税额，借记“应交税费——应交增值税（进项税额）”科目，贷记“固定资产”、“无形资产”等科目；固定资产、无形资产经上述调整后，应按调整后的账面价值在剩余尚可使用寿命内计提折旧或摊销。

一般纳税人购进时已全额抵扣进项税额的货物或服务等转用于不动产在建工程的，原已抵扣进项税额的40%部分应于转用当期转出，借记“应交税费——待抵扣进项税额”科目，贷记“应交税费——应交增值税（进项税额转出）”科目。

（六）月末转出多交增值税和未交增值税的账务处理。

月度终了，企业应当将当月应交未交或多交的增值税自“应交增值税”明细科目转入“未交增值税”明细科目。对于当月应交未交的增值税，借记“应交税费——应交增值税（转出未交增值税）”科目，贷记“应交税费——未交增值税”科目；对于当月多交的增值税，借记“应交税费——未交增值税”科目，贷记“应交税费——应交增值税（转出多交增值税）”科目。

（七）交纳增值税的账务处理。

1. 交纳当月应交增值税的账务处理。企业交纳当月应交的增值税，借记“应交税费——应交增值税（已交税金）”科目（小规模纳税人应借记“应交税费——应交增值税”科目），贷记“银行存款”科目。

2. 交纳以前期间未交增值税的账务处理。企业交纳以前期间未交的增值税，借记“应交税费——未交增值税”科目，贷记“银行存款”科目。

3. 预缴增值税的账务处理。企业预缴增值税，借记“应交税费——预缴增值税”科目，贷记“银行存款”科目。月末，企业应将“预缴增值税”明细科目余额转入“未交增值税”明细科目，借记“应交税费——未交增值税”科目，贷记“应交税费——预缴增值税”科目。

（八）增值税期末留抵税额的账务处理。

兼有销售服务、无形资产或者不动产的原增值税一般纳税人，截止到纳入营改增试点之日前的增值税期末留抵税额按照现行增值税制度规定不得从销售服务、无形资产或不动产的销项税额中抵扣的，应在“应交税费”科目下增设“增值税留抵税额”明细科目。

纳入营改增试点当月月初，原增值税一般纳税人应按不得从销售服务、无形资产或不动产的销项税额中抵扣的增值税留抵税额，借记“应交税费——增值税留抵税额”科目，贷记“应交税费——应交增值税（进项税额转出）”科目。待以后期间允许抵扣时，按允许抵扣的金额，借记“应交税费——应交增值税（进项税额）”科目，贷记“应交税费——增值税留抵税额”科目。

（九）增值税税控系统专用设备和技术维护费用抵减增值税额的账务处理。

按现行增值税制度规定，企业初次购买增值税税控系统专用设备支付的费用以及缴纳的技术维护费允许在增值税应纳税额中全额抵减的，按规定抵减的增值税应纳税额，借记“应交税费——应交增值税（减免税款）”科目（小规模纳税人应借记“应交税费——应交增值税”科目），贷记“管理费用”等科目。增值税税控系统专用设备作为固定资产核算的，则贷记“递延收益”科目；在后续固定资产折旧期间，借记“递延收益”科目，贷记“管理费用”等科目。

三、财务报表相关项目列示

“应交税费——应交增值税”等科目期末借方余额应当在资产负债表中的“其他流动资产”项目列示；“应交税费——未交增值税”科目期末贷方余额应当在资产负债表中的“应交税费”项目列示。

四、附则

本规定自 2016 年 5 月 1 日起施行，《营业税改征增值税试点有关企业会计处理规定》（财会［2012］13 号）等原有关增值税会计处理的规定同时废止。本规定发布前未按上述规定处理的，应当进行追溯调整。